KB115680

2024년
금융·투자 상품 트렌드

2024년 금융·투자 상품 트렌드

발행일 2024년 3월 25일

지은이 박찬종, 최명진
펴낸이 손형국
펴낸곳 (주)북랩
편집인 선일영　　편집 김은수, 배진용, 김다빈, 김부경
디자인 이현수, 김민하, 임진형, 안유경　　제작 박기성, 구성우, 이창영, 배상진
마케팅 김회란, 박진관
출판등록 2004. 12. 1(제2012-000051호)
주소 서울특별시 금천구 가산디지털 1로 168, 우림라이온스밸리 B동 B113~115호, C동 B101호
홈페이지 www.book.co.kr
전화번호 (02)2026-5777　　팩스 (02)3159-9637

ISBN 979-11-7224-035-6 03320 (종이책)　　979-11-7224-036-3 05320 (전자책)

투자의 겨울을 이겨낼 수 있는 최고의 투자 안내서

2024년 금융·투자 상품 트렌드

박찬종·최명진 지음

북랩

들어가는 말

2022년부터 이어져온 미국의 강한 금융 긴축은 2023년에도 지속되었다. 유례없는 금리 인상 속도에 2022년은 큰 하락장을 맞이했지만, 거세게 분 차디찬 겨울바람 속에도 단단하게 여문 씨앗이 하나의 계기로 인해 대지에 퍼지면서 만개한 꽃들이 2023년을 장식했다. 2024년은 어떨까? 지금까지는 2023년 12월 미국 중앙은행에서 밝힌 피벗(pivot, 금융정책 방향 전환)에 힘입어 작년의 봄날을 아직도 이어나가고 있는 중이다. 특히나 미국의 빅테크를 중심으로 한 AI 열풍에 힘입어 글로벌 테크 기업들이 놀라운 주가 상승을 기록하고 있고, 뿌리 깊은 나무처럼 흔들림 없는 미국의 실물 경제는 모든 전문가들이 예상한 경기 침체 혹은 연착륙의 우려를 단번에 지우고 말았다.

미국의 기준 금리 인하가 요원한 가운데, 글로벌 지정학적 리스크는 종식될 줄 모르고, 영향력이 큰 지역의 대선이 몰려 있어 자산 시장의 변동성은 한층 더 커질 전망이다. 금 가격이 2,000달러 부근에서 박스권을 형성하며 가격을 지지하고 있는 이유다.

이런 상황에서 투자 결정은 좀처럼 쉽게 내려지지 않는다. 막상 가격이 비싼 것 같아서 사기가 꺼려지는 것도 있고, 안 사자니 계속 오를 것 같아서 소외되는 것 같아 불안감만 커지고 있다. 투자하기 전 무언가 제대로 알고 시작하고 싶은 시점일 것이다.

이 책에서는 다양한 투자·금융 상품들을 '잘 선택하기 위한 지식'을 담았다. 또한 어떠한 관점으로 좋은 상품들을 선택했는지, 그리고 그런 상품들을 어떻게 활용해야 하는지에 관한 '사용 설명서'라고 봐도 괜찮을 것이다.

집필을 하며 느낀 점은, 실제 알고 있는 것보다 더 많은 상품들이 있다는 것이다. 다양해서 고르긴 어렵지만, 그만큼 다채로운 색깔들을 가지고 있어서 좋게 배치만 한다면 꽤 괜찮은 포트폴리오의 작품이 나올 것으로 보았다. 이런 시각을 함께 공유하고 싶었고, 가진 정보와 지식과 경험을 바탕으로 하여 한 권의 책에 담고 싶었다.

1부에서는 투자 상품으로 글로벌 중심의 펀드·ETF에 대한 내용을 실었다. 2024년 경제에서 반드시 확인해야 할 데이터와 산업에 대한 내용부터 관련 펀드·ETF 중 괜찮다고 생각되는 투자 상품을 추천으로 올렸다. 반대로 아직까지 손실 중인 투자 상품에 대한 분석도 기록했다. 제한된 지면 속에서 어려울 수 있는 용어나 지표에 관한 설명은 주석으로 남겼지만 기본적인 내용은 본문에 따로 설명하지 않은 것도 있을 수 있기에, 이런 부분은 검색하여 이해하고 넘어갔으면 하는 작은 소망도 밝힌다. 또한 지표나 수치 관련 데이터는 2024년 1월, 2월의 기준으로 작성했음을 알려드린다.

2부에서는 금융 상품으로 예·적금부터, ISA, 연금계좌, ELS, 금 등을 다뤘다. 현재 이슈가 되는 내용을 시작으로 2024년도에 잘 활용할 수 있는 노하우에 관한 부분을 핵심으로 하여 중점을 두고 분석했다. 관련해서 괜찮다고 생각하는 금융 상품에 대한 추천 의견도 남겼다. 1부와 2부를 읽으며 포트폴리오 안에 좋은 상품을 담았으면 한다.

3부에서는 이코노미스트에서 발표한 '2024년도에 일어날 가능성이 있는 10가지 위험 요소'에 대해 언급하면서, 이와 함께 리스크 관리를 위한 자산 배분 전략을 게임을 통해 이해할 수 있도록 구성해봤다. 선진국 주식, 신흥국 주식, 미국 국채, 석유, 금, 현금의 총 6개 자산을 어떻게 자산 배분하여 위험을 최소화하면서도 수익을 극대화할 수 있을지에 관한 내용이 핵심이다. 스스로가 펀드 매니저가 되어 자산운용의 훌륭한 연습장이 되었으면 하는 바람이다.

2024년 봄

공저자 박찬종·최명진

감사의 말

우선 책이 나오기까지 독박 육아를 담당한 아내와 사랑스러운 지안이, 채안이, 그리고 저를 믿어주시고 항상 걱정해주시는 어머님과 장모님, 장인어른께 감사의 인사를 올립니다.

지금까지 금융의 길 위에서 이끌어주시는 신한투자증권 배용준 센터장님과 퇴직연금의 새로운 길을 함께해주시는 김태완 수석님께 진심으로 감사를 드리고, 마지막으로 10년 넘는 시간 동안 같은 길을 걸어준 최명진 CFP님께 감사의 말을 전합니다.

박찬광 드림

세 번째 저서까지 조력자로서 옆에 있어준 박찬종 CFP님께 항상 감사의 마음을 전합니다. 레버리치 지영화 대표님, 포스증권의 김철호 매니저님, 박기훈 매니저님, 그리고 위코노미 이영웅 대표님을 포함하여 영테크 클래스의 모든 식구들과 김수미 국장님께 감사드립니다. 어머니와 제 동생, 그리고 사랑스러운 조카 은서, 예서에게도 고마운 마음을 전합니다. 마지막으로 금융의 길에서 묵묵히 옆에서 함께해준 고객분들께도 감사의 인사 올립니다.

최경진 드림

차례

제1부
투자 상품 – 펀드·ETF

제2부
금융 상품

제3부
2024 리스크 아웃룩 헤지펀드 게임

제 1 부

투자 상품 – 펀드·ETF

2024년 경제, 5가지 데이터를 확인하라

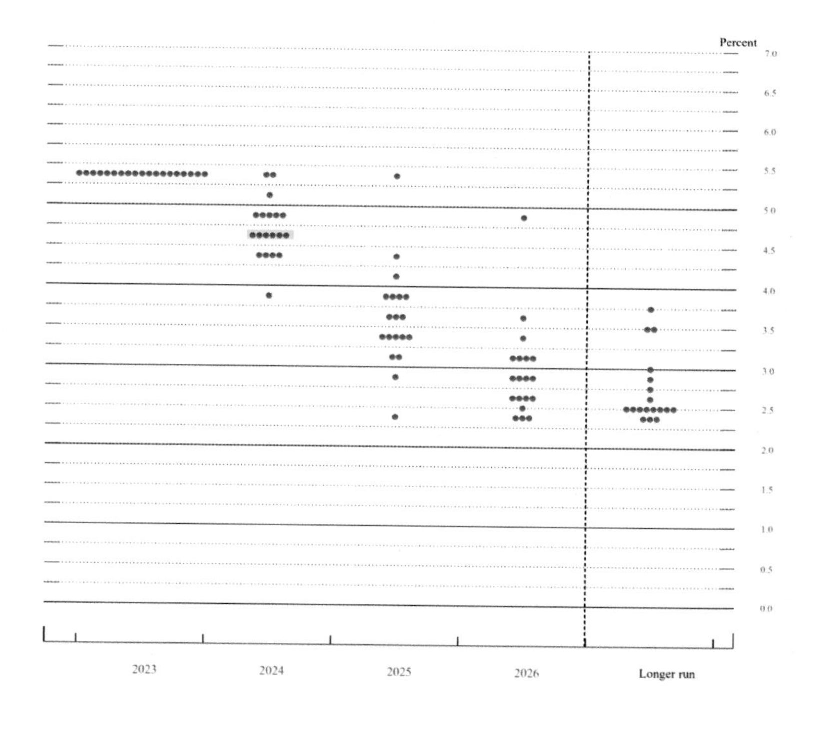

그림 1 12월 FOMC 점도표 - 출처: federalreserve.gov

그림 1)과 같이 2023년 12월 FOMC에서 기다리던 연준의 피벗(pivot)이 나왔다. 2024년에 3번(75bp)의 금리 인하를 시사한 것이다. 이후 채권 금리는 급락하였고, 주식 시장은 연준의 완화 정책에 우선 화답하기 시작하면서 다우 지수는 사상 최고치를 갈아치웠다. 주식 시장은 2024년 1월에도 여전히 강세의 움직임을 보이고 있다.

금리 인하 데이터, 연준과 금융 시장의 동상이몽

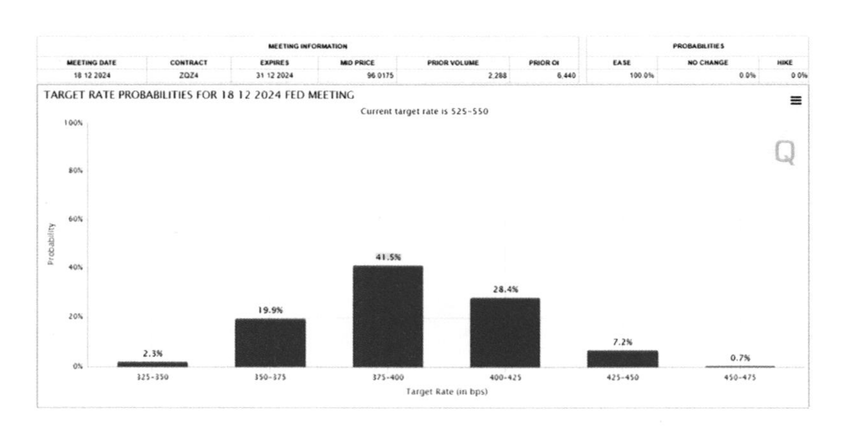

그림 2 2024년 12월 FOMC에서 금융 시장이 기대하는 기준 금리 수준
(기준 2024. 2. 2.) - 출처: CME

그림 2) 점도표는 2024년 말까지 75bp의 금리 인하를 시사했으나, 금융 시장에서 기대하는 2024년도의 정책 금리는 150bp를 인하한 3.75~4% 수준이다. 상당한 차이를 보이고 있다. 또한 시

장은 2024년 3월 FOMC에서 첫 번째 금리 인하를 기대하고 있었지만, 예상과 달리 동결을 선택했다. 향후 시장의 예상과는 달리 연준의 통화 정책이 그리 비둘기스럽지 않다면 어느 순간 실망 매물들이 쏟아질 수 있을 것이다. 때문에 향후 발표되는 물가와 고용 지표에 대한 시장 민감도가 높아질 것이고, 연준 이사들이 내놓는 발언의 영향력도 강해질 전망이다.

· Fed's Bostic sees two rate cuts, soft landing next year.
· Fed's Goolsbee Says Too Early to Declare Victory Over Inflation.
· Fed's Jonn Williams says the central bank isn't really talking about rate cuts right now.

연준의 몇몇 이사들도 시장의 공격적인 금리 인하 전망에 대한 기대감을 꺾는 발언을 하기도 하였다. 앞으로의 FOMC는 과연 무사하게 지나갈까?

고용 데이터, 유례없는 호황 그리고 그 끝은?

이번 사이클에서 가장 유례없는 특이점을 가지고 있는 데이터가 고용 시장이다. 보통 연준의 강한 긴축에 고용 시장은 위축되기 마련인데 이번 사이클에서는 코로나19라는 특수성으로 인해 고용 시장에서 시차가 발생하였다. 강력한 락다운과 백신 접종 이후 제조업이 우선 고용 시장을 이끌었고, 리오프닝 이후에는 서비스업의 고용 활황세가 위축 사이클에 접어든 제조업의 고용을 만회시켰다. 더불어 이민자들이 채웠던 (주로 저임금) 일자리는 코로나19로 인해 이전 추이보다 복귀가 늦어졌고, 더해서 고령의 노동자들이 건강 문제 우려로 노동 시장에서의 은퇴를 서두르면서 고용 시장에 큰 공란이 생겼다. 또한 리쇼어링(reshoring) 정책도 많은 일자리를 만들기 시작하면서 고용 시장에는 수요와 공급의 불균형이 초래되었다.

이는 임금 인상을 야기하고 물가 상승의 주범이 되면서 연준의 통화 정책에 강한 긴축을 만들게 되었다. 그림 3)과 같이 고용 시장은 현재 천천히 팬데믹 이전 추이로 되돌아가고 있고, 연준도 고용 시장의 강한 충격이 곧 경기 침체를 야기하기 때문에 굳이 확실한 데이터(고용과 물가의 정상화)를 보는 위험을 감내하지 않고 한발 물러나 보는 태도로 전환했기에 앞으로 나오는 고용 데이터를 유심히 관찰하는 것이 중요하다.

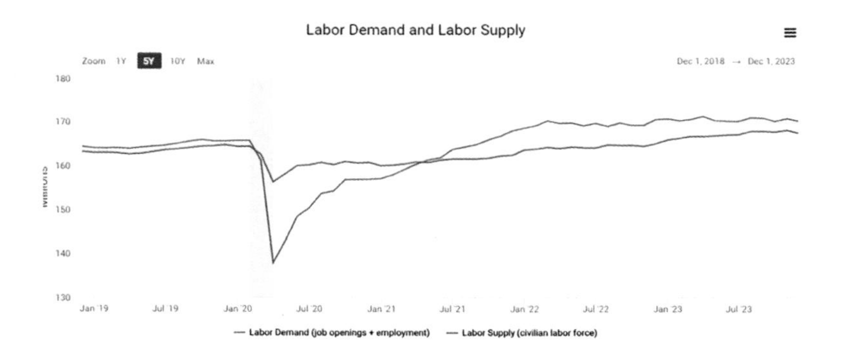

그림 3 노동의 수요와 공급(기준 2024. 2. 2.) - 출처: FRED

PCE(개인 소비 지출)데이터, 선행 물가 지표

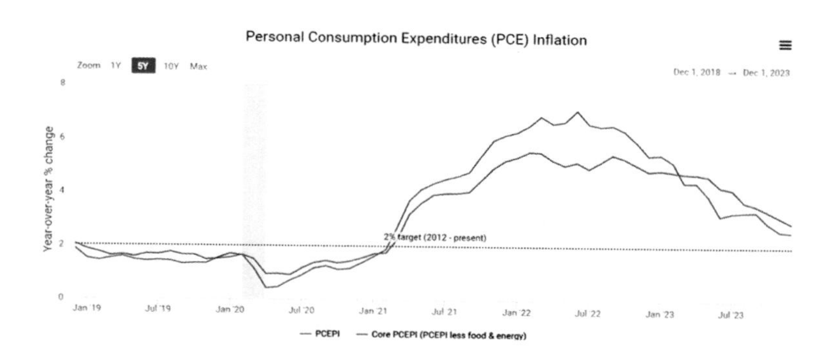

그림 4 개인 소비 지출 추이(기준 2024. 2. 2.) - 출처: FRED

그림 4)와 같이 연준이 선호하는 PCE 데이터도 중요하다. 보통 개인 소비가 왕성해지면 물가가 상승하는 경향을 보인다. 미국은 팬데믹 시절 많은 초과 저축과 이후 임금 상승으로 큰 소비 여력을 만들 수 있었고, 이는 즉시 높은 인플레이션에 결정적인 영향을 끼치게 되었다. 때문에 개인 소비 지출의 동향을 살피면 물가 상승률의 징조를 파악할 수 있다.

초과 저축 데이터, 소비를 이끌다

팬데믹 당시 정부의 재정 지원과 가계 지출의 감소가 합쳐지면서 미국 경제 전반에 걸쳐 가계 잉여 저축이 크게 늘어났다. 더해 역사적으로 가장 낮은 모기지 금리에 갈아탄 미국인들은 증가한 가처분소득을 확보하게 되었고, 리오프닝에 맞춰 보복 소비를 하며 경제의 활황세를 이끌었다. 미국의 GDP에서 소비가 차지하는 부분을 고려한다면 향후 소비 둔화 시그널이 경제 연착륙과 경착륙의 중요한 단서가 될 것으로 보인다. 그림 5)와 같은 초과 저축 추이 확인이 필요하며, 관련 데이터는 샌프란시스코 연은에서 매월 업데이트될 예정이다.

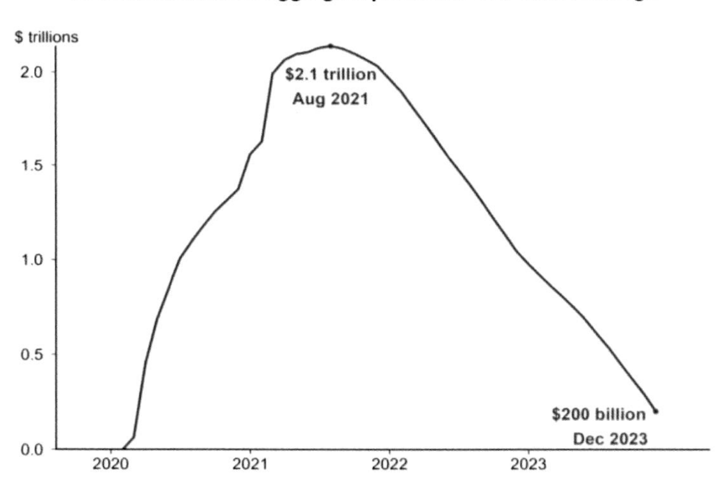

그림 5 초과 저축 규모 - 출처: 샌프란시스코 연은

하반기는 미국 대선에 유의해야

2024년 1월 13일은 대만의 총통 선거일이었다. 친미 반중의 민진당 라이칭더와 중국과의 협력 확대를 외치는 국민당의 허우유이가 박빙의 지지율을 보였지만, 결국 라이칭더가 승리하면서 중국은 불편한 기색을 감추기 어려워졌다. 5월 취임식 전후로 대만해협 갈등이 고조될 전망이다. 11월 5일에는 미국 대선이 예정되어 있다. 공화당 후보로 트럼프가 독주세를 보이는 와중에 바이든의 지지율이 하락하고 있어 다시 한번 두 후보 간의 대결에 전 세계의 이목이 집중될 것으로 보인다. 바이든이 재선에 성공한다면 금융 시장의 변동성은 크지 않겠으나, 반대로 트럼프가 당선된다면 상당한 변화가 야기될 것으로 보인다. 글로벌 지정학적 리스크(우크라이나 vs 러시아, 중동 문제 등)에서 한 발짝 물러서며 동맹국들의 혼선을 일으킬 수 있으며, IRA(인플레이션 감축법)와 기후 정책 등에서 바이든과 다른 행보를 줄곧 걷고 있어 관련 부분에서 변동성을 일으킬 수 있다. 2024년에는 대선과 관련된 뉴스에 귀를 기울이는 것이 필요하다.

관련 사이트

○ CME FED WATCH TOOL

https://www.cmegroup.com/markets/interest-rates/cme-fedwatch-tool.html?redirect=/trading/interest-rates/countdown-to-FOMC.html

○ FRED 노동 데이터

https://stlouisfed.shinyapps.io/macro-snapshot/#labor

○ FRED 물가 데이터

https://stlouisfed.shinyapps.io/macro-snapshot/#inflation

○ 샌프란시스코 연은 초과 저축 규모 추이

https://www.frbsf.org/economic-research/indicators-data/pandemic-era-excess-savings/

○ 미국 대선 관련 실시간 지지율 추이

https://abcnews.go.com/538

2024년 5가지의 투자 트렌드

2024년 미국 대선, 증시는 밝음

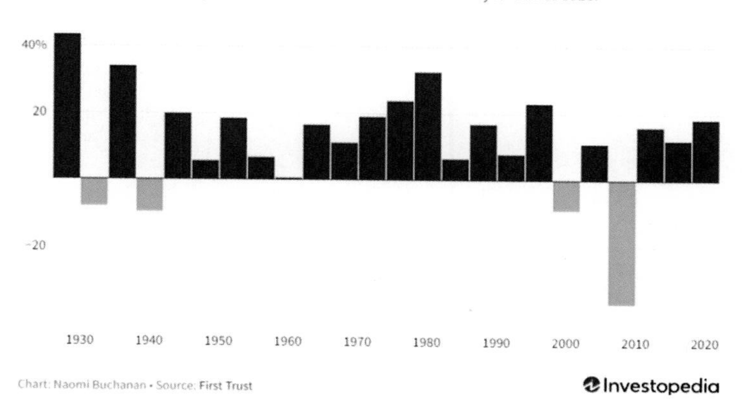

그림 1 1928년 이후 대선이 있는 해 **S&P** 500 수익률(1928~2020) - 출처: **investopedia**

그림 1)을 보면 1928년 이후 총 24번의 선거 연도 중 총 20번에서 플러스 수익률을 기록할 만큼 2024년은 높은 확률(83.3%)로

주식에 투자해도 괜찮은 한 해일 수 있다. 선거 연도의 평균 수익률을 계산하면 11.58%를 보이고 있다. 반면 1928년 이후 S&P 500의 평균 수익률은 9.81%로, 해당 수치만 본다면 선거 연도에 주식은 투자 대상으로 결정 내려야 할 것이다.

가장 큰 이유는 당선을 위한 후보들 간의 민심 잡기 승부수를 꼽을 수 있다. 기존의 대통령은 경기를 자극해 남은 임기에 괜찮은 경제 성적표를 받아 재선에 성공하려 한다. 여기서 경기 부양책이 적극적으로 나타나게 된다. 마찬가지로 반대쪽 후보는 현직 대통령이 하고 있지 않거나 소극적이었던 경제 공약들로 민심을 흔들려고 한다. 여기서 그동안 눌려 있었던 산업들이 대선 테마주로 상승하는 모습을 보이곤 한다. 현재 바이든은 첨단 반도체 산업에 보조금 지원을 승인하면서 자신의 경제 정책인 '바이드노믹스'의 성과를 강조하고 있다. 반대로 트럼프는 무역 장벽을 높여 자국의 전통 산업 부활을 꿈꾸고 있다.

대표 ETF로는 'TIGER 미국나스닥 100', 'TIGER 미국S&P 500'이 있다.

AI 열풍은 계속된다, 다만…

작년에 이어 올해도 AI 열풍은 계속될 것으로 보인다. 신기술의 도입과 이에 대한 큰 기대감에 젖어 있는 사람들의 열망을 이루고자 글로벌 IT 기업들이 경쟁적으로 AI 투자를 늘려가고 있기 때문이다. 특히 ChatGPT와 같은 생성형 AI 바람이 불면서 AI 반도체 수요가 크게 증가했다. 그림 2)처럼 관련 시장에서 70%의 점유율을 보이고 있는 엔비디아가 '슈퍼을'이 되면서 AI 반도체 가격 급증과 이로 인한 주가 상승을 누렸고, 여타의 반도체 회사들도 AI 열풍에 휩쓸려 전고점을 갱신하고 있다. 또한 AI에 대한 투자를 늘려가고 있는 빅테크 기업들도 주가 상승을 이어가면서 시장을 이끌고 있다. 이뿐만 아니라 AI의 학습 능력을 향상시킬 수 있는 소프트웨어 기업의 주가까지 올라가면서 테크 주식들은 단기간 과열된 모습을 보이고 있다.

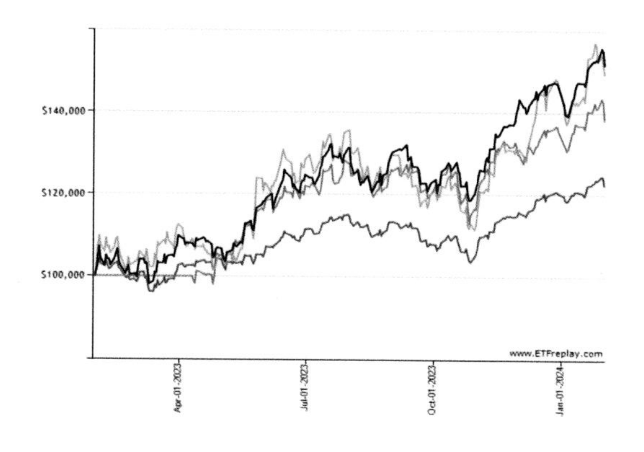

그림 2 주요 etfETF의 1년 비교 수익(2023. 1. 30. ~ 2024. 1. 31.) - 출처: ETFplay

2024년의 소음은 여기서 발생될 가능성이 있다. 비싸진 밸류에이션과 높아진 투자자들의 기대감을 충족시키기 위한 새로운 성장 동력이 나타나야 한다. 때문에 관련 기업들의 실적과 향후 가

이던스에 따라 주가의 움직임은 큰 변동성을 보일 전망이다.

대표 ETF로는 'KODEX AI반도체핵심장비', 'TIMEFOLIO 글로벌AI인공지능액티브'가 있다.

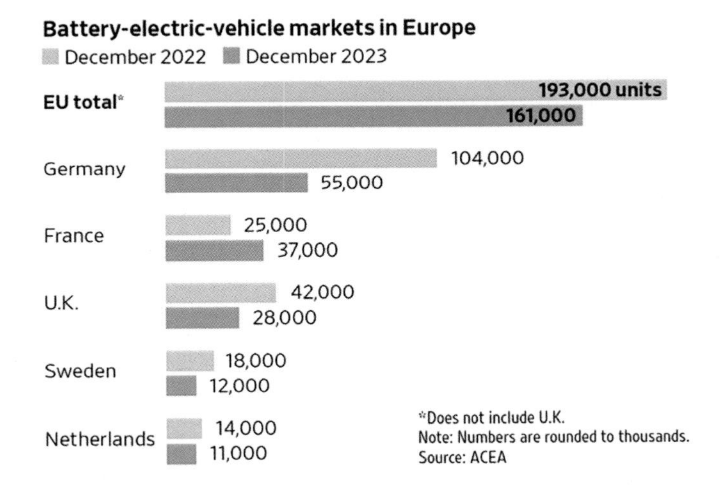

그림 3 유럽 내 전기차 판매(2022년 12월 대비, 2023년 12월) - 출처: ACEA

1월 25일 테슬라의 실적 악화 전망에 주가는 12% 급락을 보이면서 전기차 시장에 먹구름이 드리우고 있다. 그림 3)의 유럽 내 전기차 판매량을 보면 2022년 대비 2023년 판매량이 줄어든 모습도 눈에 띈다. 성장 산업이라고 알려진 전기차 시장은 왜 한순간에 낙동강 오리알 신세가 되었을까? 가장 큰 이유는 중국 전기차 시장의 급부상을 들 수 있다.

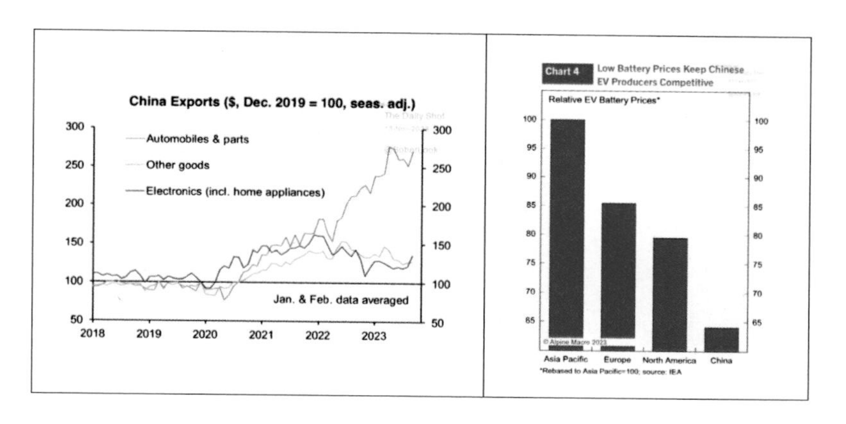

그림 4 중국의 전기차 수출과 배터리 가격 경쟁력
- 출처: Capital Economics, 데일리샷

그림 4)를 보면 중국은 2022년을 기점으로 전기차 수출이 크게 증가했고, 글로벌 국가 대비 배터리 생산 가격에 있어 높은 경쟁력을 지니고 있다. 큰 전후방 산업을 지닌 자동차 시장은 많은 일자리 창출과 제조업 경쟁력의 기틀을 보유하고 있어, 각국에서도 핵심 산업으로 지정하고 있다. 중국의 공격적인 보조금 정책으로 성장한 전기차 시장이 세계 시장으로 침투하면서 전기차 시장은 되레 후퇴하는 모습을 보이는 것이다. 영국에서는 내연기관차 판매 가능 시기를 2030년에서 2035년으로 연장하는 법안을 두며 빠른 전기차 전환에 시간을 두었고, 독일에서도 중국 업체에만 유리한 내연기관차 판매 금지를 미뤄야 한다는 기업들의 목소리가 커지고 있다.

전기차 업황의 불투명한 미래로 전기차 배터리의 핵심 원자재인 니켈, 리튬 가격도 2022년도 고점 대비 1/6로 하락한 상황이다. 이로 인해 밸류체인의 가장 꼭짓점에 위치한 테슬라는 배터리 업체들에게 공급 계약 재협상을 요구할 예정이라, 우리나라의 배터리 업계도 향후 수익성 악화에 큰 혼란을 겪을 가능성이 크다. 더해서 난립하고 있는 중국의 전기차와 배터리 시장을 보면, 과거 태양광 패널 덤핑과 같은 사례를 재연할 수 있다는 불안감도 있는 상황이다.

전기차에 대한 소비자들의 관심 하락, 충전소와 같은 전기차 플랫폼의 부족, 자율 주행 기능과 같은 기술 혁신에 대한 지연 등 넘어야 할 길이 너무 많은 현재이다. 다만, 시차를 두고 원자재, 배터리 가격이 낮아지면서 전기차 가격 또한 하락한다면 판매량도 다시 회복할 것으로 보인다. 그래도 지금은 성장통이 필요한 시간이다.

대표 ETF로는 'TIGER 차이나전기차SOLACTIVE', 'KODEX 2차전지산업'이 있다.

메타버스, 스마트폰의 발자취를 따라야 한다

팬데믹 당시 급부상한 메타버스의 가상·증강현실(VR·AR) 시장은 2023년 기준 전년에 비해 40%가 감소하면서 주춤한 모습을 보였다. 더욱이 AI라는 새로운 테마가 등장하면서 투자자의 관심에서 빠르게 멀어지기도 했다. 2024년에는 다를까? 최근 애플이 메타버스의 혼합현실(MR) 헤드셋인 '비전프로'를 내놓으면서 다시금 시장이 확장세로 전환할 것이라는 기대감을 보이고 있다. 메타와 소니가 관련 시장을 점유한 가운데 팬덤을 확보한 애플이 후발 주자로 뛰어들면서 경쟁에 불을 붙인 셈이다.

결론부터 말하자면, 메타버스는 언젠가는 시장의 판도를 뒤집을 수 있겠지만 지금은 준비할 것이 너무 많다는 것이다.

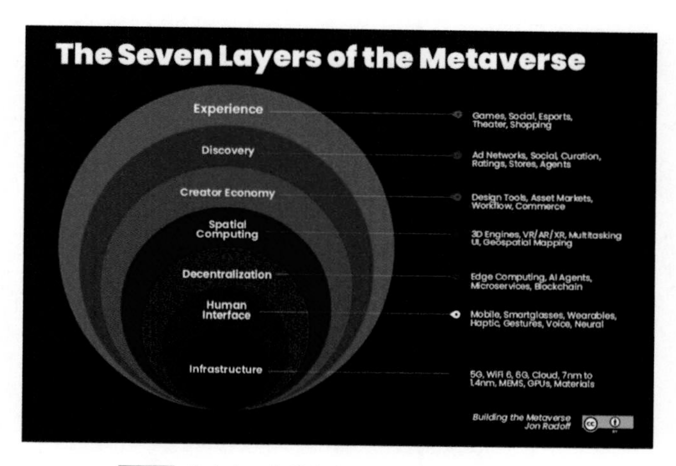

그림 5 메타버스의 생태계 - 출처: theblockchaintest

스마트폰을 예시로 들어보면, 손에 잡히는 조그마한 기계에서 금융 서비스, 인터넷 쇼핑, 게임 등 과거 PC에서 가능했던 역할을 대신하면서 혁신을 만들었다. 중저가의 스마트폰에서도 큰 불편함 없이 대부분의 기능들을 사용할 수 있게 되면서 가격 문제도 해결된 수준이다. 반면 메타버스의 기기는 무겁고 비싸다. 이것이 우선적으로 해결돼야만 범용적으로 쓰일 수 있다.

또한 그림 5) 메타버스의 생태계를 바라보면 많은 부분이 구축돼야 하는 점도 시간이 필요한 이유다. 빠른 데이터 속도를 위한 초고속 통신 서비스, 대용량 데이터 처리를 위한 클라우드 구축, 가상현실 내 활용 가능한 전자 화폐 도입 문제, 게임과 E-sports

등 다양한 엔터테인먼트 콘텐츠가 뒷받침되어야 한다.

메타, 구글, 소니, 애플, 삼성 등 초일류 IT 기업들이 뛰어든 시장인 만큼 투자는 계속해서 진행될 것이다. 이에 맞춰 생태계에 포함된 중견기업들도 눈여겨보면 좋을 것이다. 특히나 계속해서 발전되어 나올 메타버스 기기에 걸맞는 킬러 콘텐츠에 주목해야 한다. 이 부분은 우선적으로 '게임'이 될 가능성이 높다.

대표 ETF로는 'TIGER Fn메타버스', 'KODEX 미국메타버스나스닥액티브'가 있다.

글로벌 지정학적 리스크 고조, 방산주는 계속된다

미국의 문명사학자이자 철학자인 윌 듀런트(Will Durant)의 저서 『역사의 교훈: The Lessons of History』에 따르면 인류 역사에 기록된 3,421년 중 전쟁이 없었던 기간은 268년에 불과했다. 평화로운 시대에 살고 있지만 역설적으로 지구촌 어딘가에서는 계속해서 전쟁이 일어나고 있다는 것이다.

러-우 전쟁과 중동 전쟁은 종전의 모습을 보이고 있지 않은 채, 미국의 대선이 큰 변수로 작용할 전망이다. 만일 공화당의 트럼프가 재집권에 성공할 경우 미국 정부는 우크라이나에 대한 지원을 줄이면서, 유럽 내 지정학적 리스크는 크게 고조될 가능성이 높아질 것이다. 또한 이스라엘은 트럼프 대통령의 지지를 바탕으로 하마스에 대한 공세를 더욱 강화할 가능성이 높아지고 이는 이란의 개입을 부추길 수 있을 것이다.

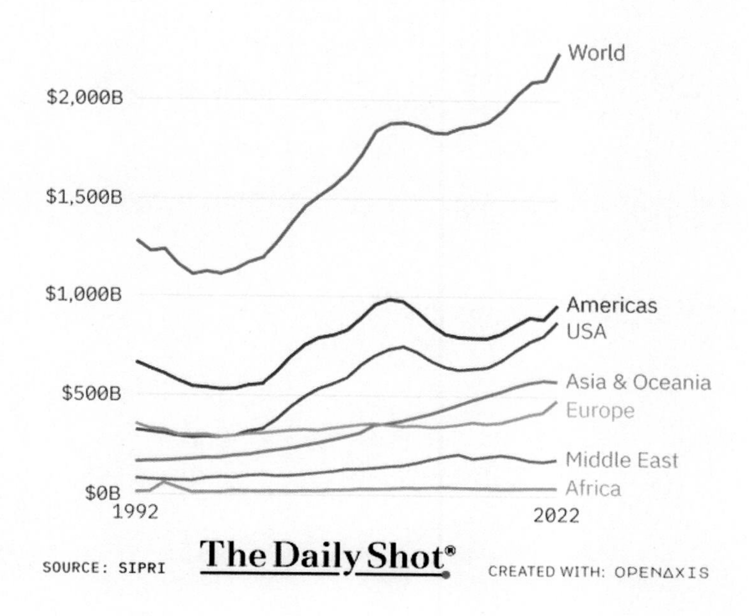

그림 6 전 세계 군비 지출 - 출처: sipri, 데일리샷

또한 반중 성향이 강한 라이칭더가 대만의 총통으로 당선되면서 다가오는 5월 취임 전까지 대만해협 내 안보 문제도 심화될 전망이다. 중국의 경기 침체로 시진핑의 신임이 흔들리는 가운데 이를 타파하기 위한 대만 통일도 잠재적인 최대 리스크로 꼽히고 있다.

이로 인해 그림 6)과 같이 전 세계의 군비 지출은 계속해서 증가할 전망이다. 특히 오랫동안 전쟁의 위기를 대비하면서 준비한 대한민국의 방산 산업은 세계 최고의 무기 수출처로 급부상한 상태다. 한화에어로스페이스, 한국항공우주(KAI), LIG넥스원, 현대로템, 한화오션 등 국내 주요 방산업체들이 최근 폴란드, 호주 등에서 수주 잭팟을 터뜨린 것이 그것이다. 지금부터가 시작일지 모른다. 전 세계 군비 지출의 39%를 차지하면서, 세계 최고의 방산 기업들을 보유한 미국 시장을 한국 방산 기업들이 노크하고 있는 중이다. 미국 시장을 뚫는 순간 전 세계의 러브콜은 쏟아질 것이다.

대표 ETF로는 ‘ARIRANG K방산Fn’이 있다.

자산 배분 펀드 (1)

2024년에 필요한 자산 배분 스킬

금융 시장에서 2023년은 어떤 한 해였을까? 2023년을 되돌아보면, 주식 시장은 2023년 초의 우려에도 불구하고 AI의 훈풍에 올라탄 나스닥의 성장세에 한 번 놀랐고, 반대로 채권 시장은 높은 인플레이션으로 인한 연준의 강한 긴축과 피벗 기대감으로 죽다 살아난 느낌이 강한 한 해였다. 금 시장은 지속된 인플레이션 환경에 더해 지정학적 리스크와 달러 약세 전환에 힘입어 사상 최고치를 경신한 한 해였다. 자산 배분 난이도가 꽤나 높은 한 해였을 듯싶다. 2024년에는 어떨까?

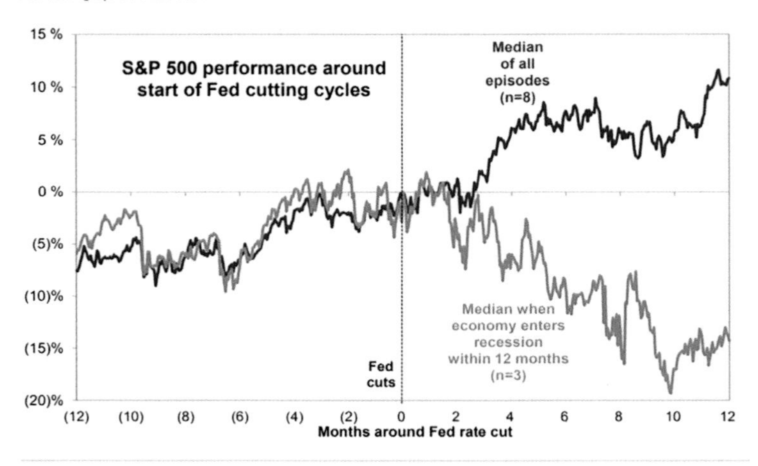

그림 1 파란색: 일반적인 상황, 회색: 경기 침체가 왔을 때
- 출처: MIKE ZACCARDI 트위터(X), 골드만삭스

그림 1)과 같이 1984년 이래로 연준의 첫 번째 금리 인하 이후 주식 시장의 등락을 관측해보면 전형적으로 상승했던 모습이 많지만, 우선적으로 경기 침체를 피하는 것이 전제가 되었다. 투자자들은 최근에 발표된 경제 데이터가 호조세를 가리키고, 더해 조만간 있을 연준의 금리 인하를 함께 프라이싱하여 금융 시장에 대입하고 있는 중이다.

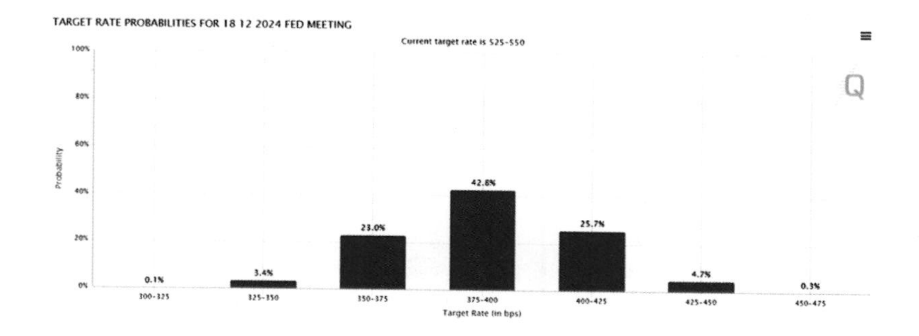

그림 2 출처: CME FED WATCH TOOL(기준 2024. 2. 4.)

그림 2)의 CME 페드워치툴에 따르면 현재 주식 시장은 5월에 첫 번째 금리 인하를 시작으로 2024년 말까지 총 6번의 인하를 예상하고 있다. 이를 반영해서인지 주요 지수는 2월 초 기준 사상 최고치를 갈아 치우고 있다.

다만 우려스러운 점은 과열 분위기가 크다는 점이다. 실제 6번의 금리 인하는 경기 침체 혹은 금융 위기의 악재가 발생하지 않는 한 벌어지는 스탠스가 아니다. 아직까지 파월의 입은 인하라는 말을 언급하지 않았다(2. 4. 기준). PER 30.87배를 가리키는 나스닥 100 지수의 밸류에이션을 고려하면 향후 제한된 기대수익률 또한 예상된다.

연준의 금리 인하 시점과 횟수, 연착륙 vs 경착륙, 잔여 가계 소비 여력, 연준의 목표 인플레이션에 들어오는 물가 지표 여부 등 2024년에는 전환점 되는 사건들을 체크하면서 투자를 해야 하는 복잡한 경우의 수가 많아질 것이다. 자산 배분에서 좀 더 정교한 스킬들이 필요한 한 해가 될 것이다.

많은 자산들의 가격에 영향을 주는 이벤트, 자산 간의 상관관계, 자산 배분 비율 등을 모두 체크하면서 투자하기에 개개인의 역량은 버거울 것이다. 이에 따라 분할 투자 방법, 목표 수익률 달성 후 매도하는 방법 등으로 대응할 수 있는 방법을 활용하는 투자자도 있을 것이고, 좋은 자산 배분 펀드를 찾아 투자하는 투자자들도 있을 것이다.

자산 배분 펀드 (2)

2024년, 정교한 자산 배분이 필요한 해

미국의 주가지수가 최고치를 경신하는 동안, 금융기관들이 최근 발표하는 2024년 주식 시장 뷰(view)가 갈라지고 있다. 인플레이션 둔화와 연준의 완화적 스탠스가 실질 금리를 낮게 유지시키면서 주식 시장의 밸류에이션을 어느 정도 지지해줄 수 있다는 견해가 있는 반면, 노동 시장 둔화가 계속 이어지면서 소비자들의 지갑이 움츠러들기 시작하고 이로 인해 소비 데이터와 기업들의 설비투자 둔화가 경기 침체를 야기할 가능성이 있기에 주의하라는 견해도 나타나고 있다. 시장을 어떻게 그리느냐, 어디에 중심을 잡고 보느냐에 따라 달라질 수 있는 의견들이기 때문에 넓은 관점으로 시장을 바라보면서 빠른 대응이 필요한 한 해가 될 듯싶다.

작년 12월 FOMC에서 연준 의장이 피벗을 시사한 것이 시장 상황에 큰 전환점이 되었다. 다만 주식 시장이 과열로 지속되면 다가오는 FOMC에서 바뀐 스탠스로 나타날 가능성도 있기 때문에 지금의 분위기에 휩쓸리지 않는 것이 좋을 수 있다. 실제 2023

년 12월 초만 하더라도 파월 의장은 언제 정책을 완화할 것인지를 추측하는 것은 시기상조라고 발언했다("It would be premature to conclude with confidence that we have achieved a sufficiently restrictive stance, or to speculate on when policy might ease"). 더군다나 연준 내부의 의견도 분분하기에, 향후 연준 이사들의 발언에 따라 주식과 채권 시장의 변동 폭을 키울 가능성도 있다.

그래서인지 2024년도에는 좀 더 정교한 자산 배분이 필요하다. 주식 시장의 경우 상승세를 보인다면 채권보다 주식의 투자 비중을 확대하는 전략이 중요하지만, 일반적인 주가지수의 비중을 늘리면 미국의 빅테크 위주의 시총 상위 종목 위주로 자산 배분이 구성될 것이다. 다만 2024년도는 실질 금리 하락으로 자본 비용이 내려가면서 2023년도에 소외받거나, 하락폭이 컸던 주식들이 상승할 가능성이 높을 것이다. 주식의 비중에서도 차별화가 필요하다.

마찬가지로 시장 금리가 하락한다면 채권의 경우 만기가 짧은 것보단 만기가 긴 채권이 유리하다. 다만 최근에 10년물 금리가 단기간에 하락하면서 관련된 금융 상품들의 상승 폭도 커졌다. 한 예로 미국의 만기 20년 이상 채권으로 구성된 ETF인 TLT의 경우 최근 저점에서 20% 이상 올랐기 때문에, 당장 매수하기엔 상당한 부담도 있을 것이다. 이유인즉슨 장기물 금리가 추가적으로 크게 하락할 내용은 이제 '침체'밖에 없기 때문이다. 지금의 물가 상승 압력 둔화에 따른 연준의 피벗과 그로 인한 '연착륙'을 반영한 금융 시장을 놓고 장기채권에 투자한다면, 투자의 뷰를 지금과는 180도 바뀐 전략으로 가정하고 들어가야 하기에 어려운 것도 사실이다. 시장 금리가 천천히 하락하는 국면에서는 배당수익률이 매력적으로 다가올 수 있기 때문에 고배당주 혹은 리츠와 같은 인컴 형식의 투자 상품을 눈여겨보는 것도 좋을 것이다.

또한 연준의 정책 완화가 향후 달러 약세의 전환점이 된다면, 약세 국면에서 투자 매력도가 커지는 자산들도 살펴봐야 한다. 우선적으로 원자재 가격이 반등을 보일 것으로 예상될 수 있고, 선진국 대비 신흥국 자산의 매력도도 커지게 될 수 있다. 달러 인덱스의 비중이 큰 유로화와 엔화의 방향성을 체크하는 것도 중요하기 때문에 2024년도에는 ECB와 BOJ의 정책 변화를 눈여겨볼 필요가 있다. 특히 일본 엔화의 강세 전환 소식이 들려오고 있기에 엔화 추이를 살펴보면 좋을 것이다.

글로벌 자산 배분 펀드, ETF 분석

펀드슈퍼마켓 홈페이지에서 펀드 유형을 '해외 주식-글로벌 공격적자산 배분'으로 (가장 아래쪽에서) 일반 펀드를 검색하면 총 34개의 펀드가 검색된다.[1] 3년 이상 경과된 펀드 중 운용 규모 중형급~초대형급으로 검색하면 5개 펀드를 찾을 수 있다.

펀드명	IBK플레인 바닐라EMP	미래에셋 인사이트	다올글로벌 멀티에셋	키움불리오 글로벌멀티에셋	삼성글로벌 다이나믹
운용 규모	3,684억 원	2,285억 원	894억 원	316억 원	299억 원

1 좀 더 보수적으로 투자하길 원하는 투자자는 펀드슈퍼마켓 펀드 유형에서 '해외채권-글로벌 보수적자산 배분'으로 검색하면 결과값을 얻을 수 있다.

특징	단 1개의 펀드로 시장을 자율 주행하는 집단지성의 투혼!	투자 대상 지역과 자산에 제한 없이 장기적 시장모멘텀을 고려, 적극적 자산 배분 전략을 통해 수익을 추구	ETF를 주된 자산으로 운용하며 미국을 중심으로 안정적 인컴자산 및 글로벌 주식에 투자하는 펀드	시장 상황에 다각도로 대응하는 멀티에셋 EMP 전략으로 장기적 초과 성과 추구	삼성 자산 국내외 운용 네트워크를 활용, 다양한 글로벌 자산에 분산투자하여 금리 + 알파의 안정적인 수익 추구

표 1 출처: 펀드슈퍼마켓

펀드명	분류	IBK플레인 바닐라EMP	미래에셋 인사이트	다올글로벌 멀티에셋	키움불리오 글로벌멀티에셋	삼성글로벌 다이나믹
자산 비중	주식	30.91	88.12	77.36	70.37	48.39
	채권	24.88	0.05	29.48	19.32	46.13
	유동성	35.13	6.73	-7.05	4.5	4.95
	기타	9.08	5.11	0.2	5.8	0.53
투자 국가	TOP1	미국 (79.60)	미국 (75.36)	미국 (80.42)	미국 (39.44)	미국 (59.24)
	TOP2	대한민국 (12.54)	일본 (5.71)	대한민국 (16.30)	중국 (9.04)	일본 (5.33)
	TOP3	캐나다 (1.45)	중국 (5.09)	영국 (0.65)	일본 (7.75)	영국 (3.54)
	TOP4	영국 (1.41)	네덜란드 (3.66)	네덜란드 (0.61)	남아공 (7.37)	프랑스 (3.41)
	TOP5	일본 (1.03)	타이완 (3.55)	캐나다 (0.49)	홍콩 (6.61)	이탈리아 (3.20)
업종별 비중	TOP1	정보기술 (37.48)	정보기술 (49.8)	정보기술 (45.71)	금융 (21.04)	정보기술 (22.91)
	TOP2	순환소비재 (12.21)	순환소비재 (11.55)	통신서비스 (12.61)	정보기술 (13.06)	금융 (14.9)
	TOP3	통신서비스 (11.95)	헬스케어 (10.21)	순환소비재 (10.08)	산업재 (12.29)	순환소비재 (11.86)
	TOP4	헬스케어 (10.68)	통신서비스 (10.09)	헬스케어 (8.56)	순환소비재 (10.52)	헬스케어 (11.3)
	TOP5	금융 (7.05)	산업재 (7.25)	산업재 (5.86)	방어소비재 (8.08)	산업재 (9.7)

표 2 출처: 펀드슈퍼마켓(기준 10. 4.)

펀드마다 운용 전략과 운용 스타일이 다르기 때문에 어떤 펀드가 좋은지 딱 선택하기는 어렵다. 때문에 자산 비중과 주식의 투자 국가와 업종별 비중을 보면서 어떤 특색을 가지고 펀드 매니저가 운용하고 있는지 유추하면 나의 색깔에 맞는 펀드를 확인할 수 있을 것이다.

주식과 채권(혹은 유동성)의 비중이 적절히 섞여 있는 펀드는 'IBK플레인바닐라'와 '삼성글로벌다이나믹'으로 확인할 수 있고, 국가별 비중이 미국에 치우쳐 있지 않고 글로벌로 잘 분산되어 있는 펀드는 '키움불리오글로벌멀티에셋'으로 확인할 수 있다. 해당 펀드는 최근 성과가 부진한 중국과 홍콩 비중이 꽤 있고, 상대적으로 글로벌 주식 성과가 좋았던 미국 비중이 타 펀드 대비 작기 때문에 최근 수익률은 좋지 못하다. 다만 향후 중국의 경기 부양 정책 기조가 강하게 나타날 것으로 예상하는 투자자들은 해당 펀드를 눈여겨보면 될 것이다.

업종별 분산은 '키움불리오'와 '삼성글로벌다이나믹'이 타 펀드 대비 잘 분산되어 있다. 주식과 미국, 그리고 정보기술섹터에 비슷하게 치중되어 있는 두 펀드는 보유 자산에 미국의 빅테크가 많이 포함되어 있다. '미래에셋인사이트'의 경우 개별 종목으로 마이크로소프트, 엔비디아, 알파벳 순으로 투자 비중이 구성되어 있으며(세 종목 합산 약 16%), '다올글로벌멀티에셋'의 경우 나스닥과 S&P 500을 추종하는 ETF 3개로 구성되어 있어 해당 지수 특성상 미국의 빅테크가 큰 비중으로 구성되어 있다(네 개의 ETF 합산 약 50%).

자산 배분 펀드에서는 채권의 투자 전략이 장기채 위주인지 단기채 위주인지 살펴보는 것도 중요하며, 환노출과 환헤지의 성과 차이가 큰 만큼 금리와 달러의 방향성을 읽고 펀드를 선택하는 것이 필요하다.

2024년도에 추천하는 자산 배분 전략은, 미국 포지션은 올해보다 조금 줄인 만큼 인도와 일본 주식을 더 늘려나가는 전략이 필요하다. 중국의 경우 확실한 반등 모멘텀이 요원한 만큼 중국 주식은 좀 더 지켜봐야 할 것 같다. '삼성글로벌다이나믹' 펀드가 지역별로 잘 분산되어 있어 해당 펀드에 55%, 인도 25%, 일본 20%를 추천한다. 일본과 인도는 글로벌 공급망 분절로 인한 수혜를 꾸준히 받을 수 있고, 일본의 경우 미-일 간의 금리차의 변화와 지난 2년간 역사적 엔저가 정점을 지난 모습을 보이고 있어 환헤지 없는 UH 펀드로 투자할 것을 추천한다.

	에셋플러스 글로벌다이나믹시니어액티브	KBSTAR 글로벌주식분산액티브
순자산총액	81억	62억
평균거래량	0.41만 주	0.31만 주
3개월 성과	17.68%	11.42%
구성 종목 수	26	8
상위 5 비중	43.13%	92.86%

표 3 출처: 각 자산운용사(기준 2. 19.)

글로벌 자산 배분으로 투자되는 ETF는 크게 2개로 압축할 수 있다. 먼저 '에셋플러스 글로벌다이나믹시니어액티브'의 경우 일등 기업을 찾아내 장기 투자하고 지역별로 분산 투자하는 펀드의 특징을 보이며, 인구 고령화 트렌드에 맞춰 헬스케어 기업과 소비 기업 및 IT 대기업에 투자되고 있다. 미국의 대표 제약회사인

일라이릴리(LLY)의 투자 비중 17.24%이 가장 크고, 나머지 기업은 고루 투자되고 있는 특징을 보인다. 'KBSTAR 글로벌주식분산액티브'는 구성 종목 수도 8개고 상위 5개에 압축되어 투자되는 것처럼 보이지만, 대표적인 미국 ETF에 분산 투자되고 있다. 우선 S&P 500에 약 52% 투자되며, VEA ETF(미국 제외 선진국)에 약 23%, VWO ETF(신흥국)에 약 12% 투자하면서 전 세계에 고루 투자되는 특징을 보이고 있다.

미국 경기 연착륙의 이유

미국 채권 투자의 몰락

연준이 기대한 대로 경기 연착륙은 가능할까? 지금까지만 보면 연착륙이라는 표현도 맞지 않다. 강한 경기 흐름세가 이어져오고 있기 때문이다. 애틀랜타 연준에서 추적하는 GDP NOW는 미국 실질 GDP에 영향을 미치는 경제지표[2]가 발표되면 분기 실질 GDP 성장률이 어떻게 변하는지 최근 시점에서 확인할 수 있는 데이터로, 향후 경기 전망을 확인하는 데 참고할 수 있는 지표다.

그림 1)을 보면 2월 1일 기준 4.2%의 성장률을 예측하고 있다. 2023년 강한 통화 긴축 여파와 5.5%의 높은 기준 금리 수준에도 불구하고 높은 경제성장률을 기록하고 있는 셈이다.

---

2 ISM, 자동차판매, 무역, 고용, 소비, 수출입물가, 소비자물가, 생산자물가, 산업생산, 주택판매, 주택착공건수, 건설지출, 월간재무보고서, 내구재주문

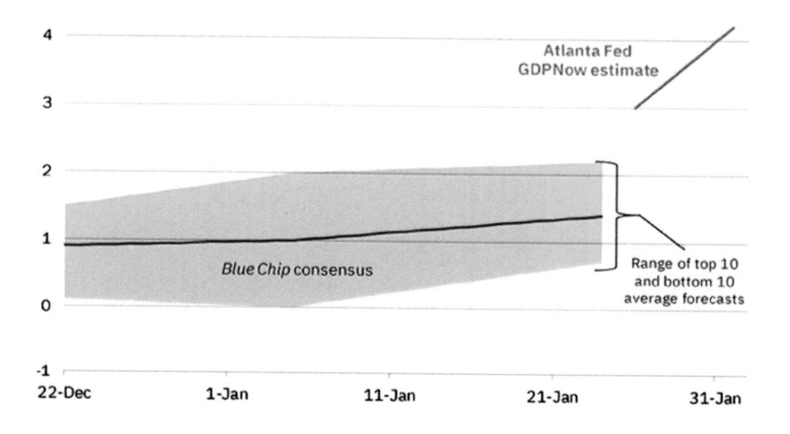

그림 1 출처: GDPNOW(기준 2024. 2. 1.)

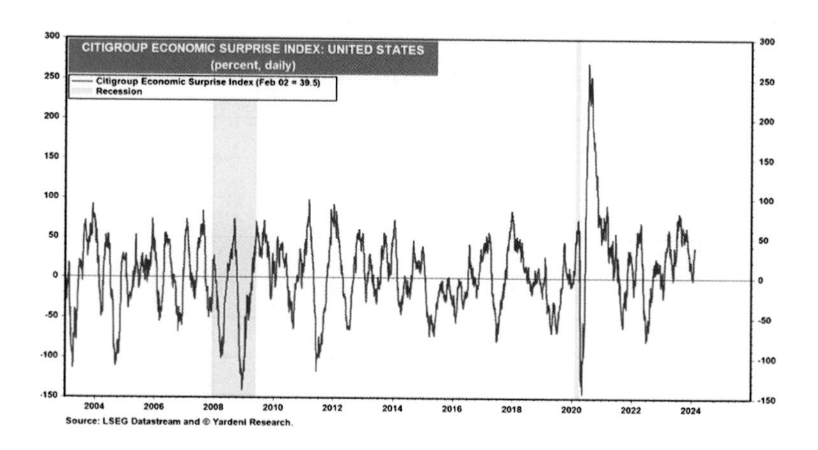

그림 2 이코노믹 서프라이즈 인덱스 - 출처: yardeni

시티그룹에서 만든 이코노믹 서프라이즈 인덱스를 살펴보면 좀 더 명확해진다. 관련 지표는 시장의 예상치보다 실제 발표된 핵심 경제 데이터들이 얼마나 잘 나왔는지를 보여주는 것으로, 경기 순환 흐름에서 가장 빠르게 확인할 수 있는 지표다. GDP NOW 예측처럼 강한 경기 상승을 보이면서 좀처럼 경기 수축 국면(0 이하)에 들어서지 않고, 빠른 회복력을 바탕으로 경기 확장세를 지속하고 있는 중이다.

미국의 강한 경기 흐름의 이유는 어디에 있을까? 바로 미국의 고용과 소비에 있다. 이는 인플레이션이 쉽게 가라앉지 않도록 하는 원인이지만, 반대로 미국 경기를 떠받치고 있는 요인이기도 하다.

고용

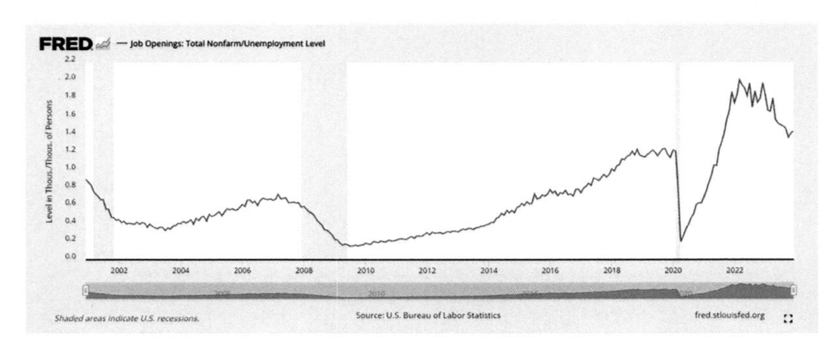

그림 3 구인 건수 - 출처: FRED

그림 3)의 고용부터 확인해보자. 해당 지표는 미국의 구인배율 즉, 실업자 수 대비해서 비어 있는 일자리 수가 몇 개인지 나타내

는 지표다. 하락세 국면을 이어오다가 최근 반등을 하며 현재 1.4를 넘어서고 있다. 노동 시장에서 한 명의 실업자에게 얼마큼의 일자리가 주어져 있는지를 알려주는 지표인데, 1.4개나 있기 때문에 노동자는 급하게 취업하지 않고 임금을 많이 주는 회사로 찾아가게 된다. 반대로 기업 입장에서는 구인을 하기 쉽지 않다는 의미이며, 일할 사람을 잡기 위해 임금을 올릴 수밖에 없는 결정을 하게 된다. 결국 이는 임금 상승 요인으로 작동하면서 물가 상승에도 영향을 미쳤다.

소비

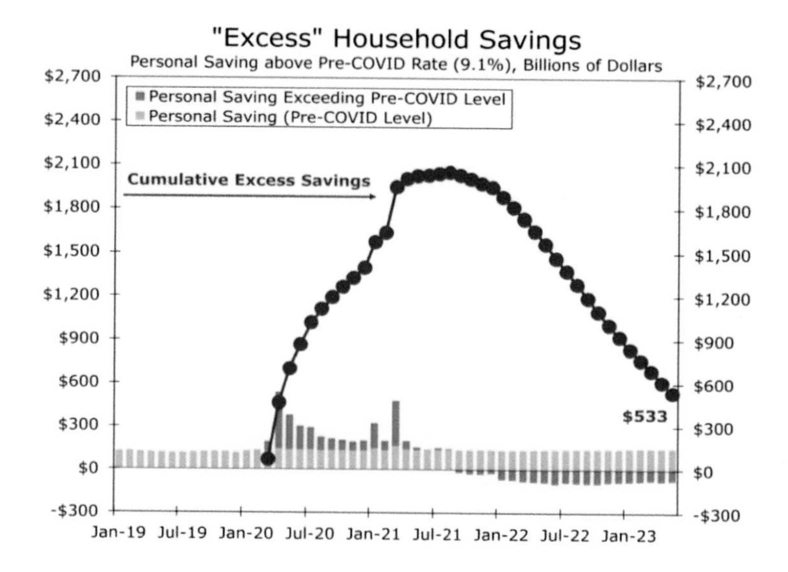

그림 4 코로나19 전과 이후 개인 초과 저축 추이 - 출처: Wells Pargo

개인과 기업은 팬데믹으로 인한 경제 폐쇄를 버티기 위해 정부로부터 상당한 자금을 지원받았다. 초기에는 그림 4)처럼 많은 돈이 저축으로 보관되었다. 이후 경제가 재개되면서 가계는 저축의 초과분을 천천히 소비하기 시작하였고, 기준 금리의 급격한 상승에도 불구하고 지금까지 가계에서 발생한 초과 저축분의 지출로 인해 경제가 둔화되지 않았다. 미국은 GDP에서 차지하는 소비의 비중이 70% 가까이 되기 때문에 이것이 경제의 가장 중요한 요소인데, 이 부분이 버티고 있는 것이다. 그러나 미국의 초과 저축액이 점차 줄어들면서 조만간 소비 절벽을 맞이할 것이라는 우려도 나오고 있다.

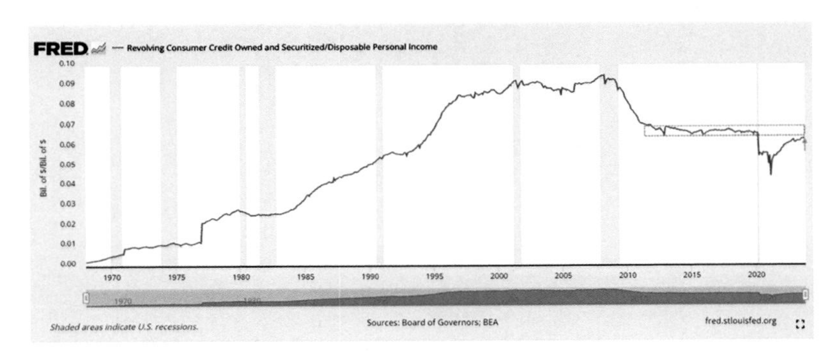

그림 5 가처분소득 대비 신용카드 잔액 - 출처: FRED

다만, 그림 5)의 데이터는 가처분소득 대비 신용카드 잔액(부채)을 나타내는데 코로나19 이전 수준보다, 그리고 2008년 금융 위기 이전 수준보다 아직 낮은 수준을 보이고 있다.

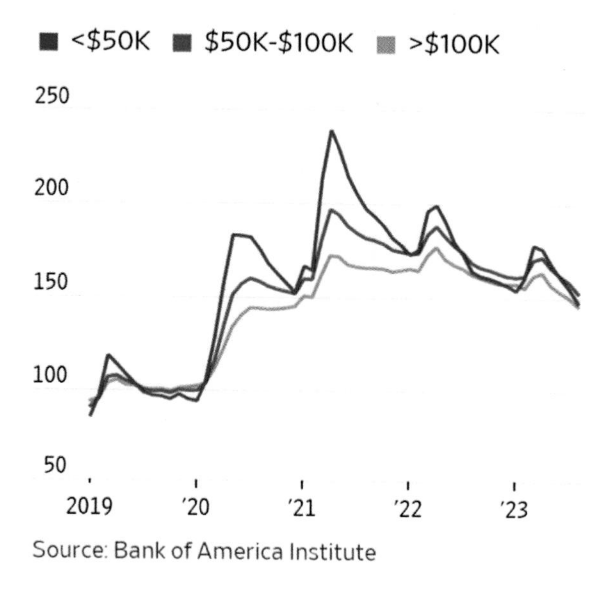

그림 6 소득별 월평균 가계 저축 및 당좌 잔액 - 출처: WSJ

또한 그림 6)은 2019년의 100을 기준으로 2023년 8월 소득별 월평균 가계 저축 및 당좌 잔액을 나타낸 값이다. 하락 추세지만 여전히 높은 수준을 잘 유지하고 있다. 즉, 당장 소비 데이터가 꺾이기 힘들다는 것을 보여주는 셈이다.

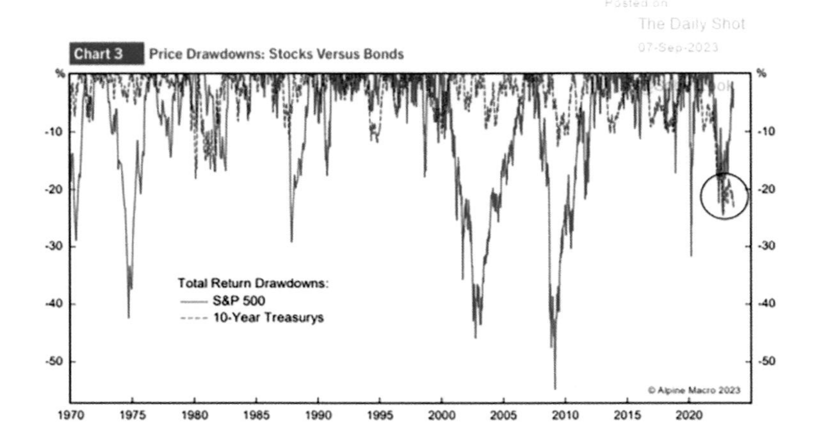

그림 7 주식과 채권의 역사적인 하락폭 - 출처: Alpine Macro, 데일리샷

2023년은 높은 인플레이션과 강한 경기 흐름으로 인해 유례없이 빠른 속도로 금리를 인상하였고, 이로 인해 채권 시장은 큰 고통을 겪었다. 그림 7)에서 과거 추이를 확인해도 이번 시장 사이클에서 채권 시장 하락 폭이 주식 시장 하락 폭보다 더 심각했다. 안전하다고 여긴 채권 투자의 실패로 자산 배분의 효율성도 큰 훼손을 입었다. 채권 투자는 이대로 막을 내리는 것일까? 월가 전문가들도 미국 경기 침체 가능성을 줄이거나, 뒤로 미루는 등 채권 시장의 호재는 찾아보기 어렵다.

그러나 4% 넘는 금리를 제공하는 미국의 단기물 ETF(SHY)는 매력적인 투자처로 부각되고 있다. 또한 견고한 노동 시장을 감안하면 장기물 미국 채권은 위험할 수 있지만, 큰 가격 하락에도 불구하고 미국의 장기물 ETF(TLT)에는 계속해서 자금이 유입되고 있는 것도 확인할 수 있다.

미국 경기 침체의 가능성은?

미국 채권 투자의 기회 요인

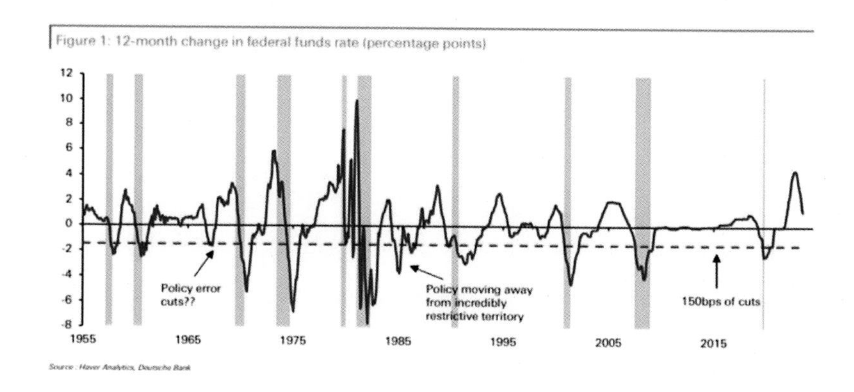

그림 1 미국 기준 금리의 12개월 변화율, 음영색은 경기 침체 구간 - 출처: Haver Analytics

금리 선물 시장은 앞으로 1년 이내에 약 150bp(1.5%)의 기준 금리 인하를 염두에 두고 가격을 책정하고 있다. 문제는 그림 1)에서 1년 이내에 150bp의 인하가 있었던 과거의 추이를 보면 대부분이 경기 침체(음영색)가 있었다는 점이다. 즉, 경기가 좋지 못하니 금리를 인하하여 경기를 살렸다는 뜻이다. 그러나 지금은 경기가 좋다. 꼭 과거가 반복되리라는 법도 없다. 경기 둔화 없이 인플레이션을 잡으면서 기준 금리의 인하를 단계적으로 성공시킨다면, 역사는 파월 의장을 재평가할 것이다.

다만 지금처럼 높은 금리는 실물 경제에 시차를 두고 천천히 파고들면서 경기에 부정적인 영향을 준다. 연준도 대선 기간에 갑작스런 실업률 급증을 막기 위해 지나친 긴축 정책을 오랫동안 유지하는 것을 피하고 싶어 할 것이다. 현재 실질 금리는 명목 기준 금리인 5.5%에서 인플레이션 3%를 뺀 2.5% 수준이다. 꽤나 높은 편이다. 높은 실질 금리의 위치는 주식 시장에 부담이 된다. 이는 토빈의 Q 이론으로 설명된다.

- 토빈의 Q = 기업의 시장가치 / 자본의 대체비용

기업의 시장가치란 주식 시장에서 평가하는 기업의 부채 및 자본의 가치를 의미하고, 자본의 대체비용이란 기업이 보유한 실물 자산의 대체비용(replacement cost, 현재의 기업과 동일한 기업을 설립하려 할 때 드는 총비용), 즉 순자산가치를 의미한다(출처: 네이버 백과사전). 즉, 실질 금리가 상승하면 토빈의 Q가 낮아지는데 이렇게 되면 기업들이 설비투자를 하는 데 요구되는 비용이 올라가기에 투자를 주저하게 되고, 결국 경제에 제동을 걸게 되면서 주가에도 부정적인 영향을 주기 때문이다. 그림 2)의 과거 추이를 보면 실질 금리와 미국 증시 사이에는 역의 상관관계가 존재한다.

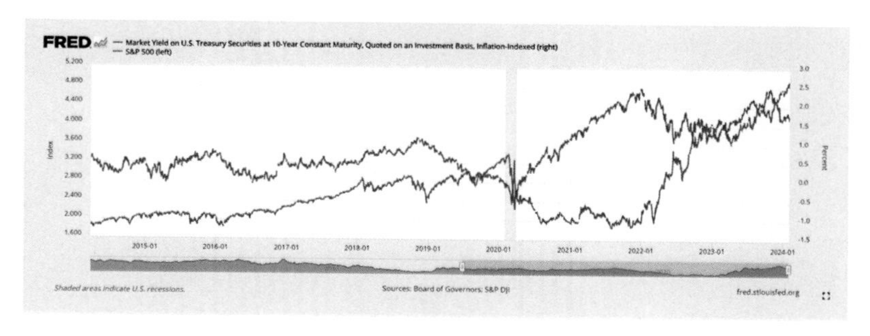

그림 2 실질 금리와 **S&P** 500의 상관관계 - 출처: **FRED**

짚어봐야 할 것은 세 가지다. 우선 강한 경기 흐름과 이로 인한 물가 상승 → 장기물 금리 상승일 것이다. 이 경우 연준은 당연히 금리 인하 시그널을 뒤로 미룰 것이다. 아직까지도 인플레이션은 연준의 목표인 2%보다 높고, 노동 시장은 여전히 강한 모습을 보이고 있다. 또한 생산과 지출, 고용 증가 역시 경기 침체를 언급하기에는 민망한 수준이다. 이 경우 채권 시장 약세는 지속될 것이고, 실질 금리는 높은 상태로 유지될 가능성이 크다. 그래도 과거와 같은 증시 충격은 없을 전망이다. 그림 3)과 같이 최근 미국은 생산성 향상을 경험하고 있기 때문이다.

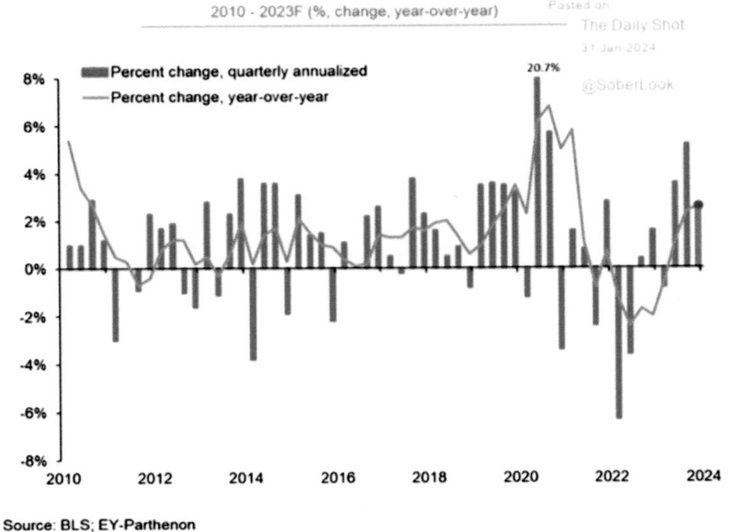

그림 3 모든 근로자의 시간당 실질 생산량 - 출처: BLS, 데일리샷

보통 고용 강세는 임금 인상으로 이어지면서 기업들의 비용 상승으로 인해 기업 이익이 훼손되곤 한다. 다만 현재는 생산성이 증가하면서 실제 기업들이 느끼는 노동 비용이 크지 않다. 즉, 기업 이익이 잘 유지되고 있는 셈이다. 생산성 향상을 주도하고 있는 가장 큰 이유는 아마 인공지능(AI)일 가능성이 높다. 이것이 과거와는 가장 큰 차이점을 보이고 있는 중이다.

두 번째는 외부 충격으로 인한 경착륙의 가능성이다. 러-우 전쟁의 장기화와 중동의 긴장이 바로 그것이다. 지정학적 리스크는 예측하는 것이 무의미할 정도로 시장의 변동성을 증가시킬 수 있다. 특히 중동 전쟁이 확전된다면 유가 상승으로 인한 스태그플레이션(Stagflation)이 시장을 강타할 수 있다. 역사적으로 비용 견인 인플레이션 구간에서는 미국 10년물 국채는 가격 하락(금리 상승)을 경험했다. 이 경우 채권 시장은 호재, 주식 시장은 악재로 받아들일 것이다.

마지막은 내부 충격이다. 역사적으로 높은 금리 수준은 어딘가에 균열을 초래하게 만든 경우가 있었다. 현재로서 가장 큰 균열점은 은행일 것이다. 금리 상승에 따른 대차대조표의 경색 신호가 나타나고 있다. 2023년 초 SVB를 시작으로 은행이 보유한 채권에 대한 시가평가 손실 증가는 금융 시스템의 잠재적 위험을 내포하고 있다. 그림 4)처럼 향후 2분기 동안 미국 은행들의 미실현손실이 6,000억 달러 이상 확대되는 것으로 전망하고 있다. 이는 역사상 최고 수준이다.

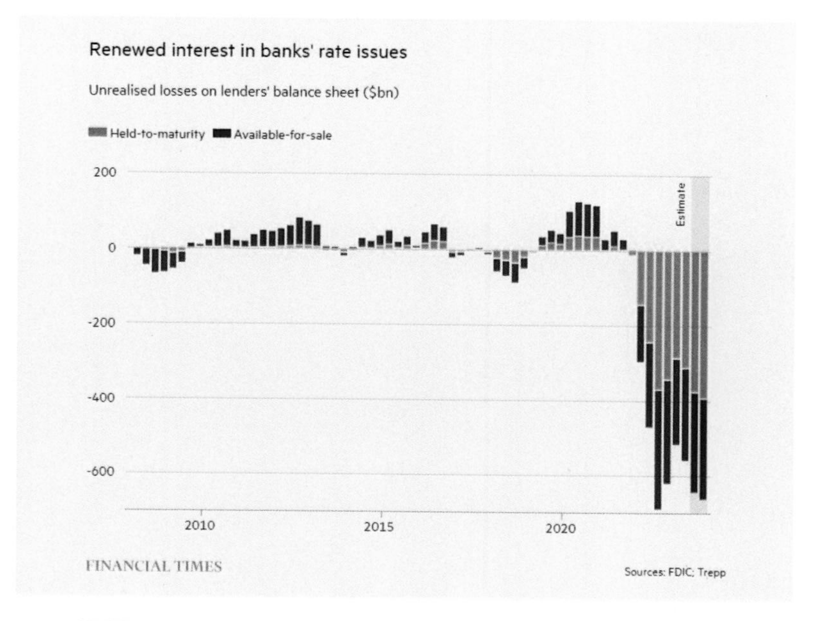

그림 4 미 은행의 대차대조표상 미실현손실 추정치 - 출처: FINANCIAL TIMES

또한 상업용 부동산과 연결된 중소 은행의 잠재적 위험도 인지해야 한다. 최근 상업용 부동산의 연체율 급증과 가격 하락이 발생하고 있어, 이를 대출해준 은행의 건전성 문제도 뇌관이다. 상황이 악화되면 예금 이탈로 이어지게 될 것이고, 이는 다시 상업용 부동산 대출 회수를 촉발하여 금융 시장에 연쇄 위기가 올 가능성을 만들 수 있을 것이다.

미국 채권 분석

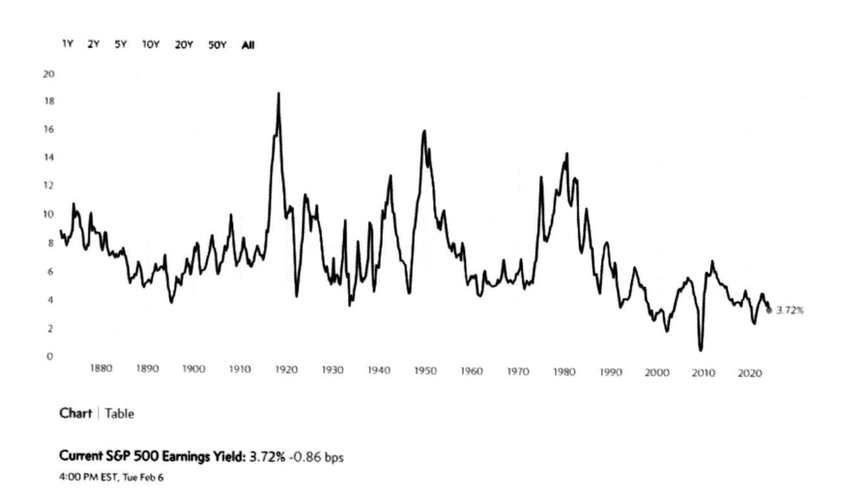

그림 1 **S&P** 500 어닝 일드 - 출처: **multpl.com**

주식에 투자하여 얻을 수 있는 기대수익률과 채권에 투자하여 얻을 수 있는 기대수익률 간의 차이를 보여주는 어닝 일드 갭(Earning Yield Gap)을 보면 현재 시점에서 주식과 채권 투자의 매력도를 확인할 수 있다. 주식의 어닝 일드는 주가수익비율(P/E)의 역수로 계산이 된다. 미국의 대표 주가지수인 S&P 500의 P/E는 26.89(2. 7. 기준)이다. 그림 1)과 같이 이를 역수로 계산하면 3.72%의 값이 나온다. 또한, 미국 10년물 채권 수익률은 4.17%(2. 5. 기준)로 S&P 500 어닝 일드와의 차이를 나타내는 어닝 일드 갭은 -0.45%(=3.72%-4.17%)로 나타난다. 해당 값이 마이너스라는 것은 주식의 매력도는 하락하고 있고, 채권의 매력도는 상승하고 있다는 뜻이다.

미국 채권형 펀드, ETF 분석

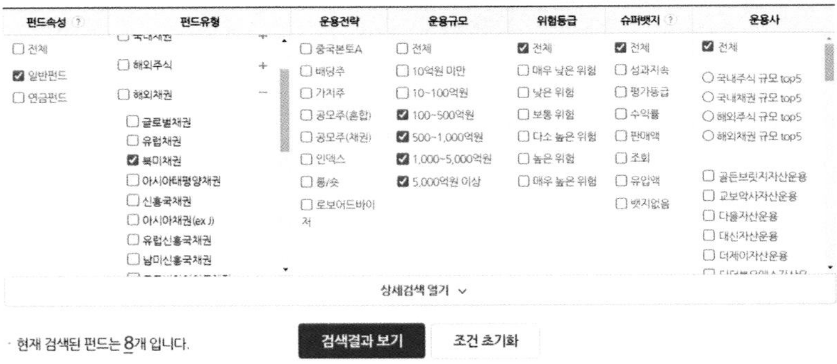

그림 2 출처: 펀드슈퍼마켓

펀드슈퍼마켓 펀드 찾기 항목에서 해외채권 중 '북미 채권'으로 체크하고, 운용 규모 100억 이상 되는 펀드의 수를 검색하면 총 8개의 펀드가 나타난다. 환헤지되는 펀드로 선택하여 위험과 수익

차트를 비교하면 다음과 같은 결과물이 나온다.

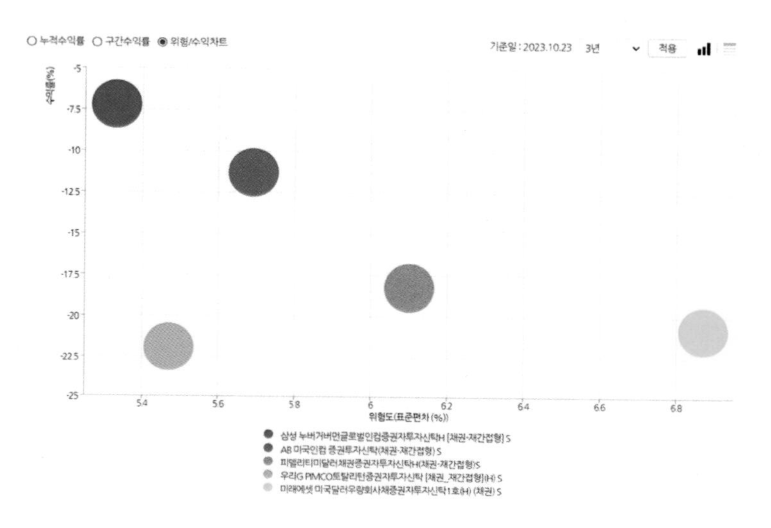

그림 3 3년 기준 - 출처: 펀드슈퍼마켓

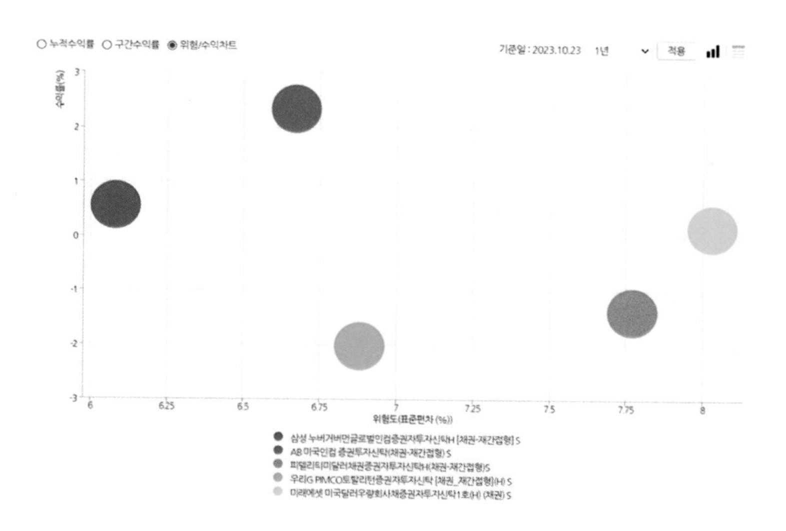

그림 4 1년 기준 - 출처: 펀드슈퍼마켓

3년과 1년 동안의 위험과 수익 차트를 확인해보니 '삼성누버거버먼글로벌인컴'과 'AB미국인컴', 2개의 인컴 형식 채권형 펀드가 좋은 모습을 보였다. 좀 더 다양한 자산에 투자할 수 있는 유연성을 가지고 있어 금리 인상기 시점에서 위험 관리가 잘 되었다고 볼 수 있겠다.

미국 채권 중 국채 투자에 관심을 가진 투자자는 '피델리티 미달러채권'을 눈여겨보면 된다.

순위	순위 변동	종목	비중(%)	순위	순위 변동	종목	비중(%)
1	-	United States Treasury Notes···	13.04	6	▾1	United States Treasury Notes···	3.86
2	-	United States Treasury Notes···	8.47	7	▾1	United States Treasury Bond···	2.61
3	new	US 10 Year Note (CBT) Sept13	6.26	8	new	United States Treasury Bond···	2.20
4	▾1	United States Treasury Notes···	6.01	9	new	United States Treasury Bond···	1.75
5	▾1	United States Treasury Notes···	5.36	10	new	US 5 Year Note (CBT) Sept13	1.37

그림 5 피델리티 미달러채권 보유종목 - 출처: 펀드슈퍼마켓

북미 채권형 펀드 중 가장 높은 비중으로 국채 포트폴리오가 포함되어 있다. Treasury Bill은 만기가 1년 이내의 초단기 국채를, Treasury Note는 만기가 1~10년의 중장기 국채를, Treasury Bond는 10년 이상의 장기 국채 투자를 의미한다. 해당 포트폴리오는 중기와 장기 국채의 비중이 높은 것을 확인할 수 있다.

미국 회사채 투자에 관심을 가진 투자자는 '미래에셋 미국달러우량회사채'와 '삼성 미국투자적격 장기채권'을 눈여겨보면 된다. 특히 금리 인상기 시점에 변동성이 큰 장기채권은 반대로 금리 인하에 도래하면 좋은 성과를 보일 수 있기에 연준의 금리 인하 가

능성이 보인다면 장기채 비중이 높은 채권형 펀드에 관심을 가지면 좋을 것이다.

국내 상장된 미국 채권형 ETF를 확인하면 선택의 폭을 다양하게 가져갈 수 있는 라인업이 있다는 것을 알 수 있다. 기간에 따라 단기채부터 10년 혹은 30년짜리 장기채까지, 신용등급에 따라 투자등급 회사채부터 하이일드 채권까지 방향성에 따라 레버리지부터 인버스까지 다양하다. 펀드와 마찬가지로 (H)는 환헤지된 상품이지만, H가 없는 경우 환헤지가 되지 않는 상품이므로 원-달러 환율 변동에 따라 수익률의 변동성이 커질 수 있다는 점을 확인해야 한다.

하이일드 채권형에 대한 단상

투자의 세상은 하이 리스크 하이 리턴이 통하는 곳이다. 하이일드(High Yield) 채권은 말 그대로 높은 수익률을 제공하는 채권이며, 동시에 채권 투자의 위험도 따르는 상품 중의 하나다. 보통 채권의 경우 금리 변동에 따라 가격이 변동하며 만기가 길수록 그 변동 폭은 커진다. 하지만 하이일드 채권의 경우 상대적으로 만기가 짧고(금리 변동에 둔감), 쿠폰(이자)도 높아서 금리 인상기에 투자할 만한 대상으로 알려지고 있다.

실제로 High Yield Bonds - ICE BofA US High Yield Index에서 제공하는 하이일드 채권의 수익률은 2023년 기준 YTD 13.5%의 양호한 성과를 나타냈다. 반면 신용도가 높은 채권으로 이뤄진 High Grade Bonds - Bloomberg Barclays U.S. Agg Index의 성과는 YTD 5.5%로, 상대적으로 부진한 성과를 보였다.

그렇다고 금리 인상기에 무조건 하이일드 채권의 성과가 좋았던 것은 아니다. 금리 인상이 긍정적인 영향을 끼치기도 하고, 상황에 따라선 부정적인 영향도 끼치기 때문이다.

긍정적인 요소부터 확인하면, 금리 인상기 시점은 보통 경제가 회복에서 성장하는 단계에 진입하는 시기로 고용이 증가하면서 물가도 상승하는 움직임을 보인다. 자산 시장(주식, 채권, 부동산)도 상승하게 되는데 이때에는 버블을 막고자 연준은 위기 국면에 풀어놓은 유동성을 금리 인상이라는 방법을 통해 거둬들이면서 경제의 과열을 막고자 한다. 즉, 이 시기에 기업의 수익은 커지고, 재무 상태도 호전되며, 투기 등급에 있는 기업의 부도율도 하락하면서 하이일드 채권 가격에 긍정적인 영향을 미치게 된다.

부정적인 요소도 존재한다. 금리 인상 시기가 오래 지속되면 저금리 때의 부채가 고금리로 차환되기 시작하면서 기업들의 현금 흐름에 악영향을 가져오게 된다. 특히 시장 금리 상승 속도가 투기 등급 기업의 영업 환경 개선 속도보다 빠르다면 하이일드 채권 가격에 부정적인 영향을 미치게 된다.

현재 금융 시장은 강한 고용과 기업들의 호실적에 더불어 기준금리 인하 시점을 뒤로 미루고 있다. 이 경우 당분간 높은 금리 수준(5.25~5.5%)이 오랫동안 유지된다고 가정했을 경우, 시장에 미치는 영향을 눈여겨봐야 하는데 우선적으로 중소기업들의 신용 리스크를 고민해봐야 한다.

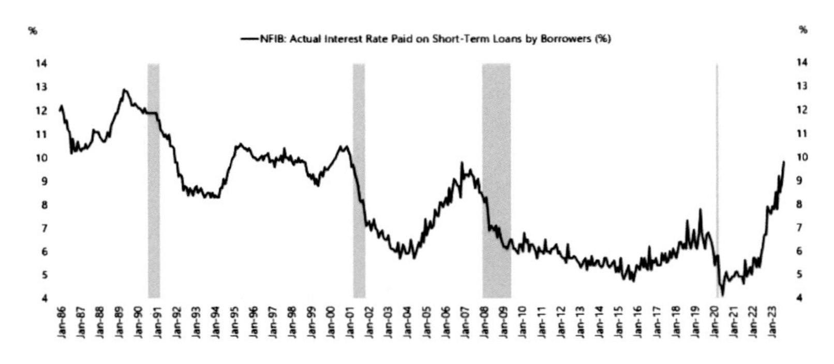

그림 1 중소기업 단기 이자율 - 출처: APOLLO, NFIB

그림 1)과 같이 현재 미국의 소기업들이 지불하는 평균 이자율이 10%에 도달한 상태다. 20년래 가장 높은 수치로 기업들의 재무 환경에 부정적인 영향을 주기 시작할 것이다. 실제 어닝콜에서 기업들은 자금 조달 비용 상승을 가장 우려한다고 언급하였다.

US bankruptcy filings by year

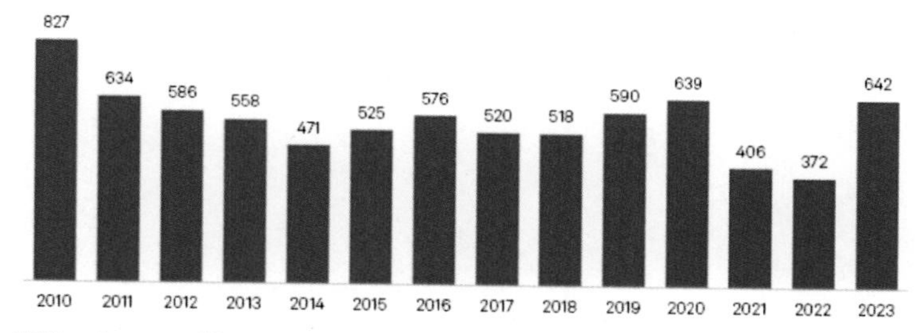

US bankruptcy filings by month

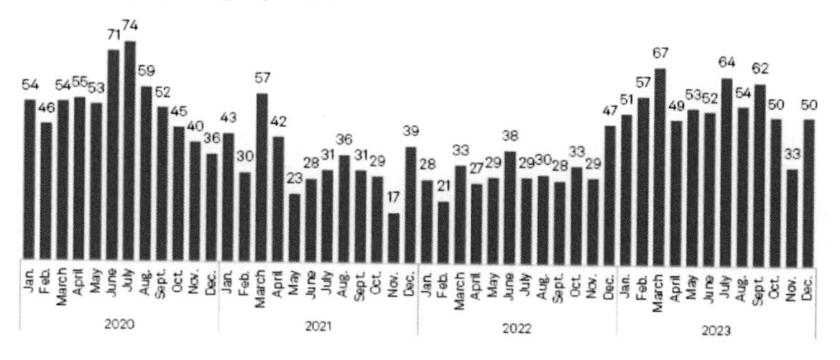

그림 2 미국 파산 신청건수 - 출처: S&P Global

현재 기준 금리 추이는 이전에 예상했던 것보다 더 높은 수준이다. 또한 향후 더 오랫동안 유지할 것이라는 예상으로 인해 기업들의 자금 압박이 가중되고 있으며, 이로 인해 미국의 파산 건수는 증가 추이를 보이고 있다. 그림 2)처럼 2023년에 파산 신청건수가 13년 만에 최고치를 기록한 만큼 우려 또한 커지고 있다. 많은 기업들이 높은 금리와 견조한 임금 상승에 힘들게 맞서 싸우며 버티고 있는 중인 것이다.

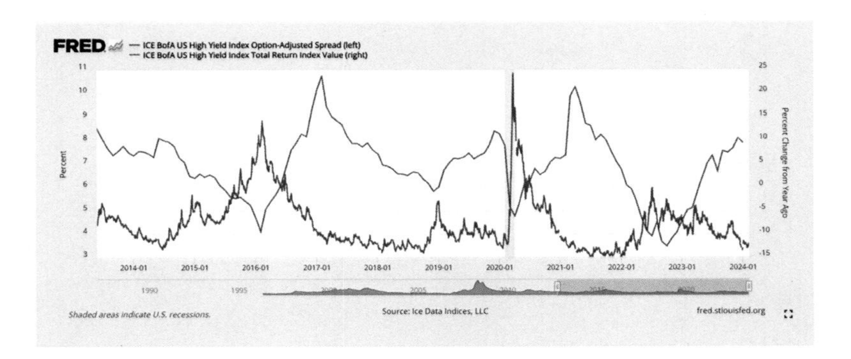

그림 3 하이일드 채권 스프레드와 하이일드 채권의 성과 관계 - 출처: FRED

대다수의 경제학자들이 경기 침체 위험에서 벗어나고 있다고 예상하는 것과 달리 미국의 중소형사 기업들은 큰 위기에 처해 있다. NFIB 설문 조사에서도 중소형 기업들은 이미 경기 침체 수준의 신용 여건을 갖고 있으며, 이마저도 더욱 악화되면서 고통을 받고 있다고 밝혔다. 다만 그림 3)에서 보듯 중소기업들의 채무 불이행 증가에도 불구하고 아직까지 하이일드 채권 스프레드[3]는 영향을 받지 않고 있는 상황이다. 이는 최근 국채 금리 급등에 의한 것으로 보이며, 향후 신용 스프레드 상승 시 하이일드 채권의 성과도 영향을 받을 수 있는 점을 명심하면서 지켜봐야 한다.

---

3 하이일드 채권 수익률에서 국채 수익률을 뺀 값을 나타내며, 신용 스프레드(credit spread)라고 불리면서 시장 위험 지표로 많이 사용되고 있다.

저평가된 주식형 펀드 (1)

미국 중소형주

높은 금리 수준에도 불구하고 양호한 미국의 경제 성적표는 증시 상승세를 이끌었다. 앞으로 경기 침체 없이 연준의 물가 목표 수준으로 되돌아오면서 천천히 금리가 낮아진다는 가정이 시장의 현재 논리일 것이다. 그렇다면 2024년 미국 경기가 연착륙에 성공한다고 가정할 경우, 지금 시점에서 눈여겨봐야 할 투자처는 저평가된 주식들이다. 보통 시장이 제자리로 돌아오는 과정에서 증시는 키 맞추기를 진행한다. 해당 주식들은 유례없이 빠른 금리 인상에 타격을 받은 기업들이며, 경기 침체 우려에 소외받았던 종목 위주로 구성되어 있다. 우선적으로 살펴봐야 하는 곳은 미국 중소형주다.

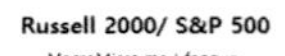

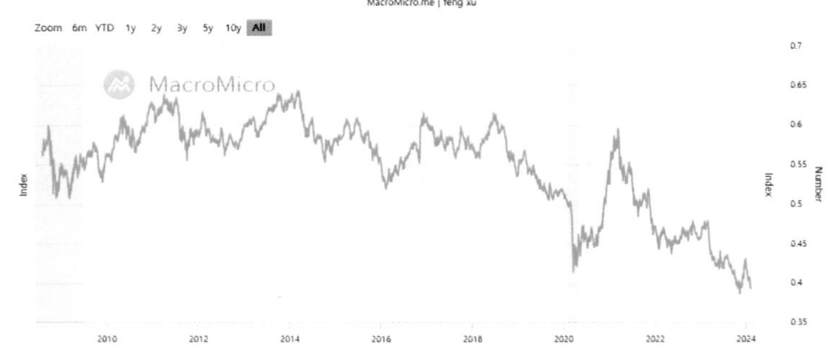

그림 1 중소형지수/대형주 - 출처: en.macromicro.me

그림 1)은 중소형주 지수인 Russell 2000의 주가지수다. 대형주 지수인 S&P 500에 대비하여 20년 만에 최저점에 도달한 상태다. 현재 큰 폭으로 할인되어 거래되고 있다는 뜻이다. 저평가인 만큼 진입 가격에 큰 부담은 없는 것이 사실이지만, 그렇다고 오르지 않고 횡보하거나 오히려 더 하락할 수도 있는 것이 주식 시장이다. 결국 주식 시장의 상승을 이끄는 것은 기업들의 실적일 것이다. 특히 지금처럼 고금리 상황에서는 적자를 내는 기업은 철저히 외면받고, 흑자를 내는 기업으로 쏠림 현상이 심해진다.

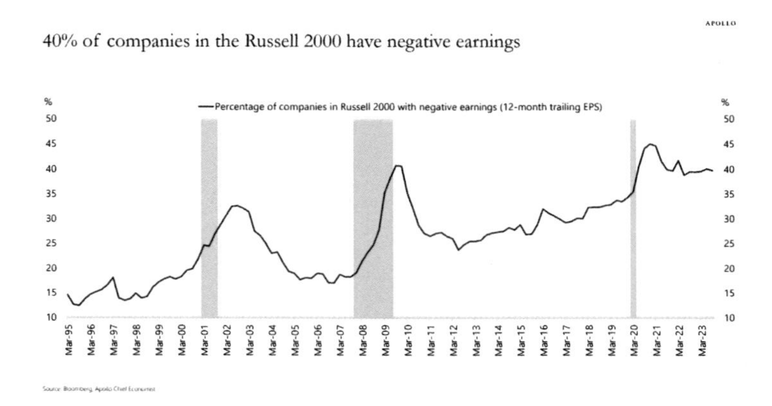

그림 2 러셀 2000 지수의 기업이 부정적인 순이익을 보고한 비율 - 출처: Apollo

그림 2)의 그래프는 Russell 2000 지수에 포함된 기업 중에서 부정적인 순이익을 보고한 비율을 나타내는데, 현재 미국 경기 호조와 주가 상승에도 불구하고 중소형 기업들의 40%는 손실을 보고 있다는 뜻이다. 꽤나 큰 수치인 셈이다.

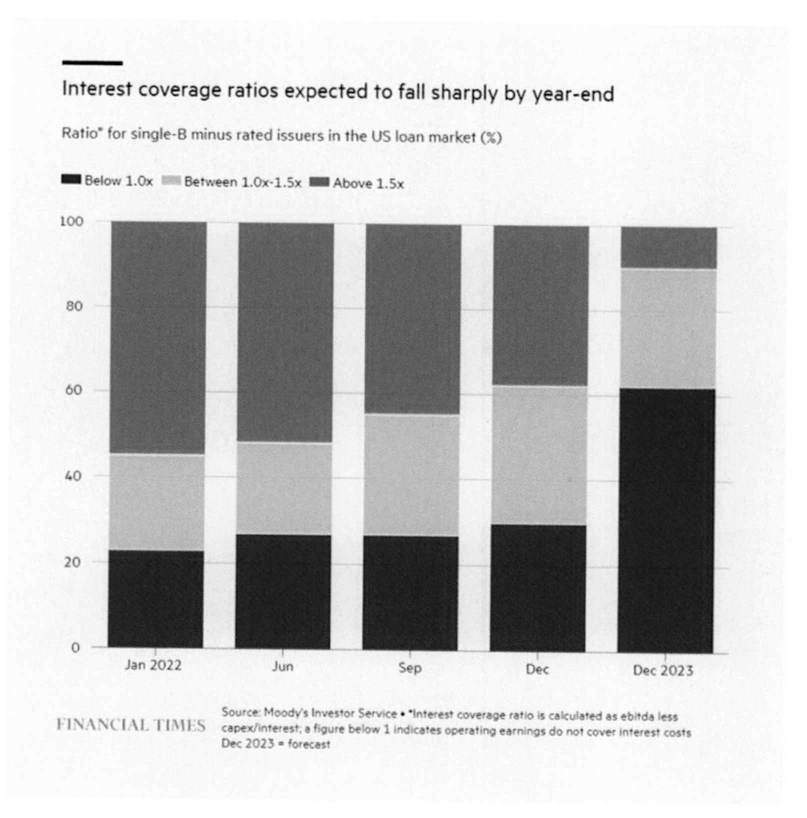

그림 3 이자보상배율 - 출처: FINANCIAL TIMES

더불어 그림 3)과 같이 최근 레버리지를 많이 이용한 기업들의 이자보상배율[4]이 2023년 말까지 급격하게 하락하였기에 중소형 기업들의 파산 움직임도 중요하게 체크해야 할 부분이다. 특히 부채가 많은 기업들에 대한 투자는 유의해야 하며, 실적 발표 때마다 지난 분기 대비 부채 수준이 줄어들고 있는지(크게 늘어났다면 인지하고 이유를 확인), 매출액이 증가하면서 영업이익과 순이익의 적자 수준이 줄어들고 있는지 확인하는 것도 필요하다.

그럼 언제 진입해도 될 것인가? 중소형 기업들의 향후 경영 상황을 설문하여 발표하는 중소기업 낙관지수(Small Business Optimism Index)를 확인하여, 앞으로 기업들이 '돈 좀 벌 수 있겠다' 라고 긍정적인 신호가 보이는지 살펴본다. 아니면 팬데믹과 같은 큰 충격이 와서 금리 수준이 제로에 수렴하여 기업들의 부채 부담이 크게 낮아진다면 괜찮을 것이다. 물론 이런 상황은 극단적인 상황이기에 첫 번째 시그널을 보면서 접근하고, 향후 실질 금리가 낮아지는 추세에는 중소형주의 숨통이 트일 것으로 보이기에 실질 금리 추이도 확인하는 것이 필요하다.

미국 중소형 주식형 펀드, ETF 분석

펀드슈퍼마켓 홈페이지에서 미국 중소형 펀드로 검색을 하면 크게 2가지 펀드로 분류되어 나타난다. 첫 번째는 미국 중소형주에

4 기업의 채무상환 능력을 나타내는 지표로, 영업이익을 금융비용(이자비용)으로 나눈 것이다. 기업이 부채에 대한 이자를 지급할 수 있는 능력을 판단하기 위해 산출한다. 이자보상배율이 1이면 영업활동으로 번 돈으로 이자를 지불하고 나면 남는 돈이 없다는 의미다(출처: 네이버).

투자하는 '삼성 애버딘미국중소형' 펀드다.

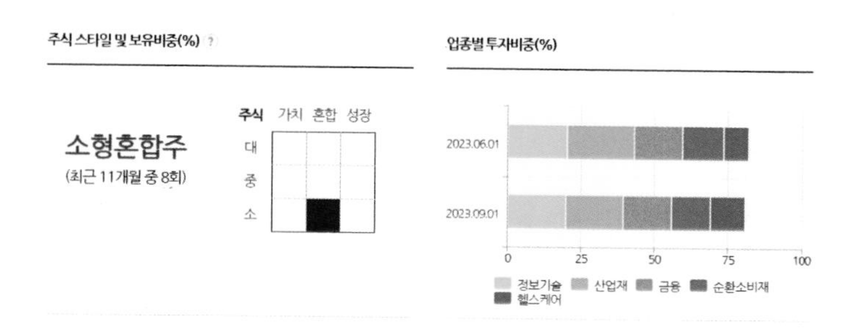

그림 4 출처: 펀드슈퍼마켓

소형주 위주의 스타일 혼합형 펀드로 업종별 투자 비중도 골고루 분산되어 투자되고 있는 것을 확인할 수 있다.

두 번째는 주요 선진국 중소형주에 투자하는 '슈로더 선진국중소형' 펀드다. 해당 펀드의 특징은 각각 3개의 지역에 1/3씩 투자하며, 매월 리밸런싱을 통해 동일 비중을 유지하면서 관리한다는 특징을 가지고 있다.

투자국가 TOP 5

순위	순위 변동	국가	비중(%)
1	-	일본	34.24
2	-	미국	32.32
3	-	영국	10.20
4	-	이탈리아	8.24
5	-	독일	3.30

그림 5 출처: 펀드슈퍼마켓

유럽의 국가별 비중이 중요한데 중국의 경기 둔화 역풍에 많이 노출되어 있어 최근 경제 흐름이 좋지 못한 독일의 비중이 가장 낮게 형성되어 있는 것이 눈에 띈다.

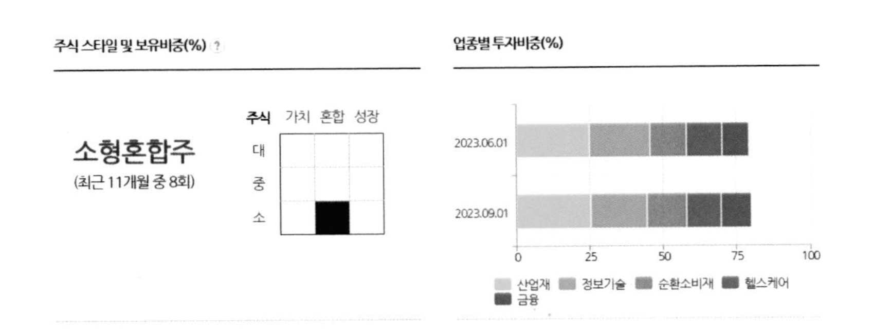

그림 6 출처: 펀드슈퍼마켓

해당 펀드도 마찬가지로 소형주 위주의 스타일 혼합형 펀드로 업종별 투자 비중도 골고루 분산되어 투자되고 있는 것을 확인할 수 있다.

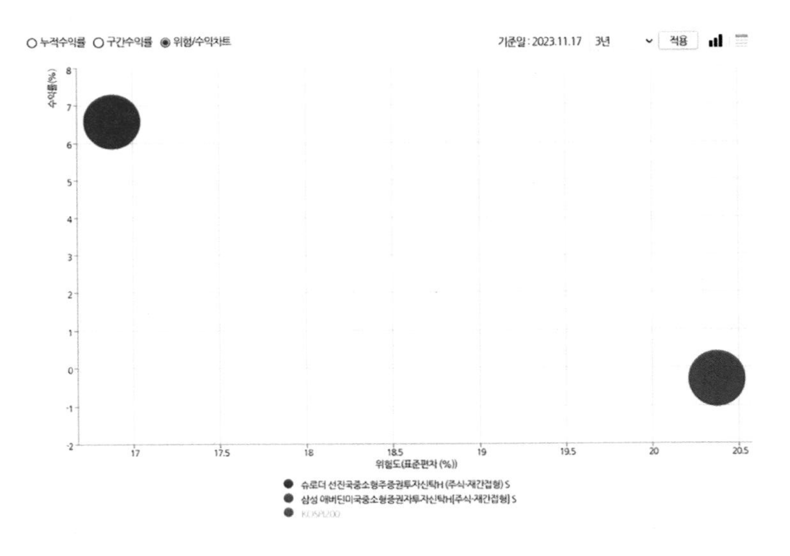

그림 7 출처: 펀드슈퍼마켓

3년간의 위험과 수익 차트로 구분한 결과 '슈로더 선진국중소형주' 펀드가 위험 대비 성과가 더 좋은 것을 확인할 수 있다. 투자 방법에 따라 선택이 달라질 수 있는데 목돈을 투자하는 투자자는 자산 배분 중 한 포지션으로 '슈로더 선진국중소형주' 펀드를 골라서 투자하는 것이 위험 관리 측면에서 효율적이다. 매월 자동 리밸런싱을 하면서 펀드의 비중을 조절하기에 거치식 투자에 좀 더 적합하기 때문이다. 반면 다른 지역보다 미국 위주로 투자하고 싶은 투자자에게는 적립식으로 투자하는 방법을 추천드린다. 좀 더 변동성이 높은 '삼성 애버딘미국중소형' 펀드에 시점을 분산하며 투자할 경우, 시간 경과에 따른 위험을 줄일 수 있기 때문이다.

미국 중소형주에 투자할 수 있는 ETF는 'KODEX 미국러셀 2000(H)'이다. 미국 증시 시가총액 기준 상위 3,000개 중 1,001~3,000개까지 모은 기업들을 지수화시킨 ETF로, 미국 경기 민감도가 높은 종목들로 구성되어 있어 미국 경기의 바로미터라고 불린다.

저평가된 주식형 펀드 (2)

신재생에너지 펀드

'향후 글로벌 성장 가능 산업에는 무엇이 있을까요?'라고 질문하면 AI, 전기차, 반도체, 헬스케어 등과 함께 빠지지 않는 단어가 바로 신재생에너지 산업이다. 지구 온난화로 인한 천재지변으로 수많은 사람들이 고통을 받고 있으며, 식량 안보 문제와 생태계 균형이 흔들리는 등 인간의 건강과 안전에 큰 위협이 되고 있다. 때문에 탈석유, 탈석탄을 외치면서 등장하기 시작한 것이 신재생에너지이며, 바이든의 등장으로 꽃길만 걸을 것만 같던 산업이기도 하였다. 하지만 일장춘몽이었을까? 바이든의 취임 이후 신재생에너지 주가의 흐름은 고점 대비 1/3 토막이 되어버렸다.

각국의 환경 규제 정책과 향후 에너지 전환 계획을 보면 신재생에너지는 각광받아야만 하는 산업이 맞다. 다만 시기상 지금은 아니라는 점이 발목을 잡고 있다. 우선 바이든은 트럼프와 대조된 정책으로 신재생에너지를 내세웠지만, 대통령 취임 이후 시급하게 처리해야 할 문제가 많았다. 팬데믹으로 어수선해진 사회 분위기를 통제하고, 코로나19의 추가 확산을 막는 것에 집중해야 했다. 이후에는 IRA 통과를 위해 힘을 썼지만 같은 민주당 내 의원인 조맨친의 반대로 인해 당초보다 크게 줄어든 법안으로 진행되면서 힘을 잃게 되었다. 최근에는 고물가와 고금리의 여파가 발목을 잡고 있는 중이다.

신재생에너지는 초기 투자비가 워낙 많이 들어가며, 사업 초기 전력 판매 가격을 장기로 고정해야 되기에 금리 상승에 취약할 수 밖에 없다. 더불어 물가 상승으로 인건비, 자재비, 공사비 등 모든 비용이 뛰어오르면서 사업 비용이 커진 점도 악순환의 원인으로 지목되고 있다. 이뿐만이 아니다. 미국 내 태양광 수요가 가장 많은 캘리포니아에서 패널 설치와 관련된 인센티브를 삭감할지도 모른다는 우려가 있고, 유럽에서는 중국의 태양광 패널 덤핑으로 업체들의 파산 위기가 심해지고 있다. 특히 유럽은 러시아로부터 에너지 독립을 위해 신재생에너지 비중을 2030년까지 45%로 높이는 정책을 펼치고 있으나 이대로 가면 중국에 의존하게 되는 우를 범하게 될지도 모른다. 마지막 변수는 다가오는 미국 대선이다. 공화당에서는 트럼프가 대선에 출마할 가능성이 높으며, 지지율이 하락하고 있는 현재의 바이든과 맞대결을 하면 트럼프의 승리가 예상된다. 이 경우 바이든의 핵심 공약 정책인 IRA 폐기 가능성이 발생된다. 특히 트럼프는 공개적으로 친환경 정책에 반대하는 입장을 여러 번 표명한 만큼, 신재생에너지 산업에 또 하나의 리스크가 될 수 있다.

다만 IRA는 이미 통과된 법안으로, 수정하려면 의회 합의가 필요하기 때문에 전체 폐기보다는 일부 보조금 삭감 등의 변경안이 있을 수 있다. 일단 트럼프가 차기 미국 대통령이 된다면 심리적으로 신재생에너지 주가에는 부정적인 요소로 작용할 것이다.

최근 시장 금리 하락에도 불구하고 위에서 언급한 많은 이유로 인해 이미 신재생에너지는 많이 눌려 있는 상태이다. 하지만 인류가 풀어야 할 숙제 가운데 가장 큰 문제로 직면해 있고, 인프라 투자처럼 국가가 일부 짊어져서 끌고 가야 하는 과업을 가진 산업이다. 녹색에너지로의 전환은 공짜가 아니다. 신재생에너지 전환에는 예상보다 더 많은 자금과 시간이 필요할 수 있다. 각국의 정책 변화에 집중하며, 관련 산업에서 리더 역할을 하는 기업들의 실적 추이 개선세를 보면서 투자의 타이밍을 잡는다면 좋을 것이다.

신재생에너지 펀드, ETF 분석

펀드속성	펀드유형	운용전략	운용규모	위험등급	슈퍼뱃지	운용사
전체	남미신흥국주식	중국본토A	전체	전체	전체	전체
일반펀드	일본주식	배당주	10억원 미만	매우 낮은 위험	성과지속	국내주식 규모 top5
연금펀드	중국주식	가치주	10~100억원	낮은 위험	평가등급	국내채권 규모 top5
	인도주식	공모주(혼합)	100~500억원	보통 위험	수익률	해외주식 규모 top5
	말레이시아주식	공모주(채권)	500~1,000억원	다소 높은 위험	판매액	해외채권 규모 top5
	베트남주식	인덱스	1,000~5,000억원	높은 위험	조회	
	에너지섹터	롱/숏	5,000억원 이상	매우 높은 위험	유입액	골든브릿지자산운용
	기초소재섹터	로보어드바이저			뱃지없음	교보악사자산운용
	일반산업섹터					다올자산운용
	소비재섹터					대신자산운용
	헬스케어섹터					더제이자산운용
	금융섹터					

상세검색 열기

· 현재 검색된 펀드는 7개 입니다.

검색결과 보기 조건 초기화

그림 1 출처: 펀드슈퍼마켓

펀드 유형에서 '해외주식형-에너지섹터'를 검색하면 7개의 관련 펀드들을 찾아볼 수 있다. 이 중에 전통 에너지에 투자하는 펀드를 제외하면 크게 4개의 펀드로 구분할 수 있다.

펀드명	☐ 삼성 글로벌클린에너지증권자투자신탁제1호[주식-재간접형] 클래스S	☐ 알파 글로벌신재생에너지 증권자투자신탁1호[주식] Class S	☐ 멀티에셋글로벌클린에너지증권자투자신탁[주식]S	☐ 삼성에너지트랜지션증권자투자신탁H[주식-재간접형]_S
위험등급/수익률	매우 높은 위험 / -2.18% 3년수익률	매우 높은 위험 / -34.64% 3년수익률	매우 높은 위험 / -33.91% 3년수익률	매우 높은 위험 / - 3년수익률
유형	해외 주식형	해외 주식형	해외 주식형	해외 주식형
상품 특징	미래를 여는 새로운 투자대안! 청정에너지, 저탄소에너지, 에너지효율 등 클린에너지 산업에 주로 투자	글로벌신재생에너지 관련 사업을 영위하는 해외 및 국내 주식에 투자	S&P Global Clean Energy Index에 편입된 글로벌 클린에너지 자산 관련 주식에 주로 투자하여 수익 추구	에너지 전환 및 ESG테마 주식형 상품으로 신재생에너지, 에너지효율 기술, 에너지인프라 관련 주식에 투자

그림 2 출처: 펀드슈퍼마켓

'삼성에너지트랜지션' 펀드는 출시된 지 얼마 되지 않아 3년 성과를 확인할 수 없다. 때문에 3년과 1년 위험/수익 평가를 확인하면 다음과 같다.

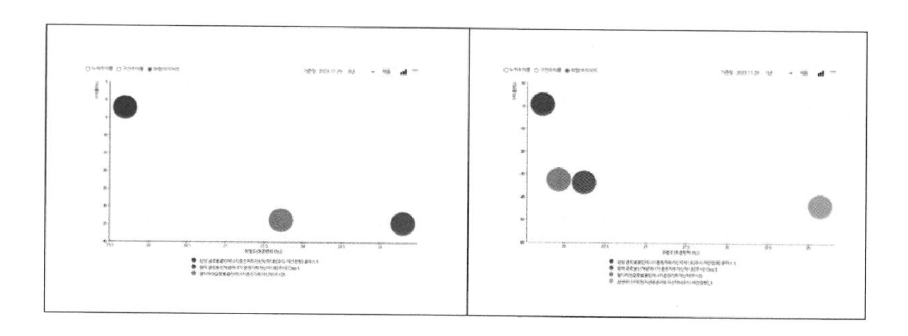

그림 3 왼쪽: 3년, 오른쪽: 1년 - 출처: 펀드슈퍼마켓

'삼성글로벌클린에너지' 펀드가 위험 대비 성과가 높은 것을 확인할 수 있다.

순위	순위 변동	종목	비중(%)	순위	순위 변동	종목	비중(%)
1	-	ON Semiconductor Corp	4.91	6	▲1	Marvell Technology Inc	4.04
2	▲4	Synopsys Inc	4.86	7	new	Linde PLC	3.96
3	-	Applied Materials Inc	4.64	8	▼3	TopBuild Corp	3.94
4	▼2	NextEra Energy Inc	4.49	9	new	Trane Technologies PLC Clas···	3.72
5	▼1	NXP Semiconductors NV	4.32	10	▼2	ASML Holding NV	3.39

그림 4 삼성글로벌클린에너지 펀드 탑 10 보유종목 - 출처: 펀드슈퍼마켓

다만 위의 보유 포트폴리오 종목을 보면 탑 10 가운데 상위에 있는 종목들은 대다수 반도체 기업으로 확인된다. 업종별 투자 비중도 정보기술섹터가 58% 비중으로 되어 있어 우리가 알고 있는 태양광, 풍력 등에 집중적으로 투자되는 신재생에너지 펀드로 보긴 어렵다.

순위	순위 변동	종목	비중(%)	순위	순위 변동	종목	비중(%)
1	▲1	First Solar Inc	7.48	6	▼3	SolarEdge Technologies Inc	3.89
2	▲3	Consolidated Edison Inc	6.53	7	▲1	China Yangtze Power Co Lt···	3.49
3	▲1	Enphase Energy Inc	6.40	8	▲2	Chubu Electric Power Co Inc	2.89
4	▲2	Vestas Wind Systems A/S	4.39	9	-	EDP - Energias de Portugal SA	2.86
5	▼4	Iberdrola SA	4.12	10	▼3	Orsted A/S	2.57

그림 5 멀티에셋글로벌클린에너지 펀드 탑 10 보유종목 - 출처: 펀드슈퍼마켓

반면 '멀티에셋글로벌클린에너지' 펀드의 경우 포트폴리오 내에 태양광과 풍력에서 대장주 역할을 하는 기업들이 포함되어 있으며, 업종별 투자 비중도 유틸리티에 42%로 가장 많이 투자하고 있는 펀드다. 또한 미국에 50% 정도 투자되고 있고, 나머지는 중국과 유럽 내 주요 기업들에 분산되어 투자되고 있어서 '글로벌신재생에너지' 테마에 딱 맞는 펀드라고 보면 되겠다.

	ACE 미국친환경그린테마 INDXX	KODEX 미국클린에너지 나스닥	KBSTAR 글로벌 클린에너지 S&P	HANARO 글로벌 신재생에너지MSCI	TIGER 차이나클린에너지 SOLACTIVE	SOL 차이나 태양광CSI	KBSTAR 글로벌수소 경제Indxx
순자산총액	246억	80억	95억	38억	189억	44억	95억
평균거래량	0.52만 주	0.85만 주	0.67만 주	0.08만 주	1.65만 주	0.47만 주	0.48만 주
3개월 성과	2.40%	6.22%	6.30%	4.90%	-8.04%	-11.09%	-2.02%
구성 종목 수	52	65	89	3	41	5	29
상위 5 비중	11.84%	45.73%	35.52%	99.99%	68.97%	99.98%	43.54%

표 1 기준일 2. 19.

표 1)과 같이 친환경 ETF는 총 7개로 구분되며 2개의 미국, 2개의 글로벌, 2개의 중국, 그리고 1개의 수소 테마로 구분할 수 있다. 'ACE 미국친환경그린테마'의 경우 52개의 투자 비중을 큰 차이 없이 균등하게 가져가는 특징을 보이며, 'KODEX 미국클린에너지'의 경우 미국의 QCLN(First Trust NASDAQ Clean Edge Green Energy Index Fund)에 약 23% 비중을 담아 투자되고 있다. 2개의 글로벌 ETF 중 'HANARO 글로벌신재생에너지MSCI'는 상위 10개 중 삼성SDI와 리튬 생산회사인 ALBEMARLE이 포함되면서 전기차·배터리 업체에도 함께 투자하는 ETF라는 차이가 있다.

탄소배출권선물 ETF는 대동소이하며, 가장 큰 시장은 유럽 지역으로 전망은 별로 좋지 않은 편이다. 탄소배출권 시장은 유럽의 경제성장률, 국제 정세, 천연가스 가격 등을 고려하여 투자해야 하는 편이다. 그런데 현재 유럽 경제는 약한 침체 국면으로, 독일의 경기 둔화 국면이 지속되면서 빠르게 반등하기 어려운 상황이다. 또한 탄소배출권 가격은 글로벌 가스 가격과 연동돼 움직이며, 러시아-우크라이나 지정학적 리스크로 인해 급등했다가 지금은 가격이 이전 수준으로 회복되면서 탄소배출권 가격에 영향을 준 상황이다. 즉, 천연가스 가격 하락으로 인한 석탄 수요 둔화와 유로존 경기 침체로 인한 산업 생산 부분 둔화가 탄소배출권 약세의 원인인 셈이다.

반등의 모멘텀을 위해서는 전 세계적으로 기후 위기에 대응하는 기조가 이어지는 것이 중요하다. 다만 각국이 처한 경제적, 정치적인 상황으로 인해 얽힌 실타래를 풀기가 쉽지 않은 상황이다. 11월 미국의 대선에서 공화당의 트럼프가 대통령으로 재당선된다면 탄소배출권 시장도 약세로 지속될 전망이다.

중국 투자 수익률 마이너스의 고민

중국 장기 불황의 가능성 체크

2023년 초 중국 증시 반등을 예측했던 외국인 투자자들의 예상과 달리 경제 부진이 지속되면서 중국 증시에 유입된 외국인 자금의 10분의 9가량이 빠져나갔다. 그림 1)과 같이 미국 증시를 기준으로 주요 시장이 순항하고 있는 가운데 중국 증시만 홀로 하락하고 있어, 중국에 투자했던 투자자들의 고민이 깊어지고 있다. 그 원인부터 알아보자.

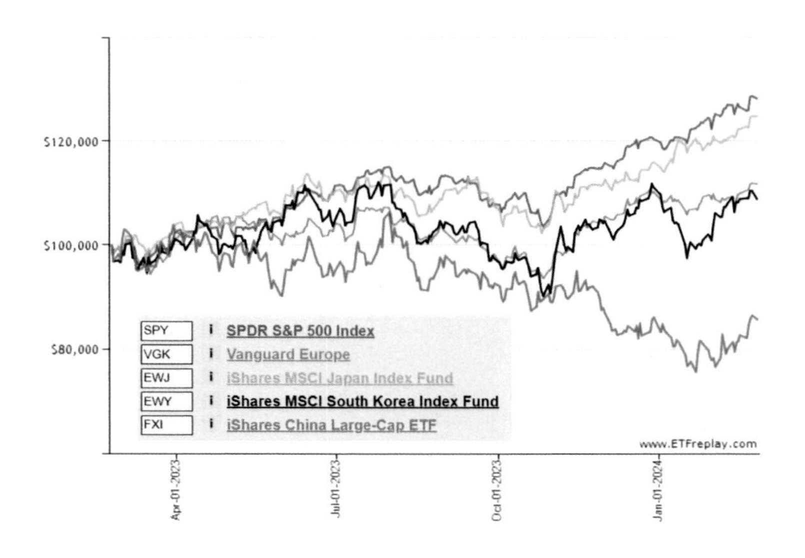

그림 1 주요국 대표 ETF 1년 성과(위에서부터 미국, 일본, 유럽, 한국, 중국 순서) - 출처: ETFreplay.com

중국은 경제성장 모델인 '부채'의 한계에 접어든 것일까? 2021년 말 부동산 개발업체 2위인 헝다그룹의 파산 뉴스를 시작으로 6위 업체인 비구이위안(컨트리가든)도 달러 표시 채권의 이자를 지급하지 못하면서 디폴트 소식이 들렸다. 중국 경제에 경고등이 켜진 셈이다. 중국 부동산은 GDP의 25%를 차지하는, 경제 전반에서 가장 큰 영향력을 지닌 산업이다. 부동산 매매부터 설계와 시공을 포함한 건축, 철강과 시멘트와 관련된 자재, 가전과 가구와 같은 생활용품까지 관련 사업을 합하면 GDP의 30%에 육박할 정도로 경제에 절대적인 영향을 행사하는 분야다. 특히 내수와도 직결되어 있기에 부동산을 포기하고 내수를 부양한다는 것은 말처럼 쉬운 일이 아니다.

다만 이런 상황에도 중국 정부의 움직임을 보면 경제 부양의 의구심을 지우기 어렵다. 2023년 8월 21일 기준 금리인 1년 만기 LPR 금리는 0.1% 인하하는 데 그쳤고, 부동산과 관련된 5년 만기 금리는 동결하면서 시장의 예상치에 한참 미치지 못했다. 금리 인하가 오히려 득보단 실이 될 것이라는 중국 정부의 뜻으로 해석할 수 있다. 특히나 미-중 간의 금리 차이로 인해 달러 대비 위안화 환율 약세가 심화될 가능성이 커져서 쉽게 금리 인하 카드를 꺼내긴 힘들었을 것이다. 당분간 불거진 중국 경제의 위기설이 빠르게 진화되긴 어려울 것이다.

중국 부동산의 위기가 임계점에 다다르면서 연쇄적으로 경제에 부정적인 영향을 끼치고 있다. 우선 중국 소비가 빠르게 회복하지 못할 것이다. 2023년 초 전 세계에서 가장 늦은 리오프닝으로 중국 경제는 반등의 실마리를 찾아야 했고, 그 한 축에서는 가계 소비가 뒷받침되어야 했다. 다만 중국은 가계 자산 구성 중 부동산 비율이 75%로 상당히 높다. 당연히 부동산에 문제가 생기면 가계가 제대로 작동되기 어렵고, 경제 전반에 걸쳐 소비 위축으로 다가오게 된다. 두 번째는 투자 위축이 나타날 것이다. 지금껏 중국 경제의 가장 큰 성장 동력은 투자였다. 특히 지방 정부가 투자를 도맡아 진행했는데 지방 정부의 세수는 대부분 토지 매각 비용으로 충당되어왔다. 쉽게 말하면 집이 계속 지어져야 하고, 토지도 원활하게 매매되는 등 부동산 시장의 활황이라는 조건이 필요했다. 하지만 부동산 경기 침체로 인해 지방 정부가 떠안게 될 부채만 증가하게 되면서 오히려 숨통을 조이고 있다.

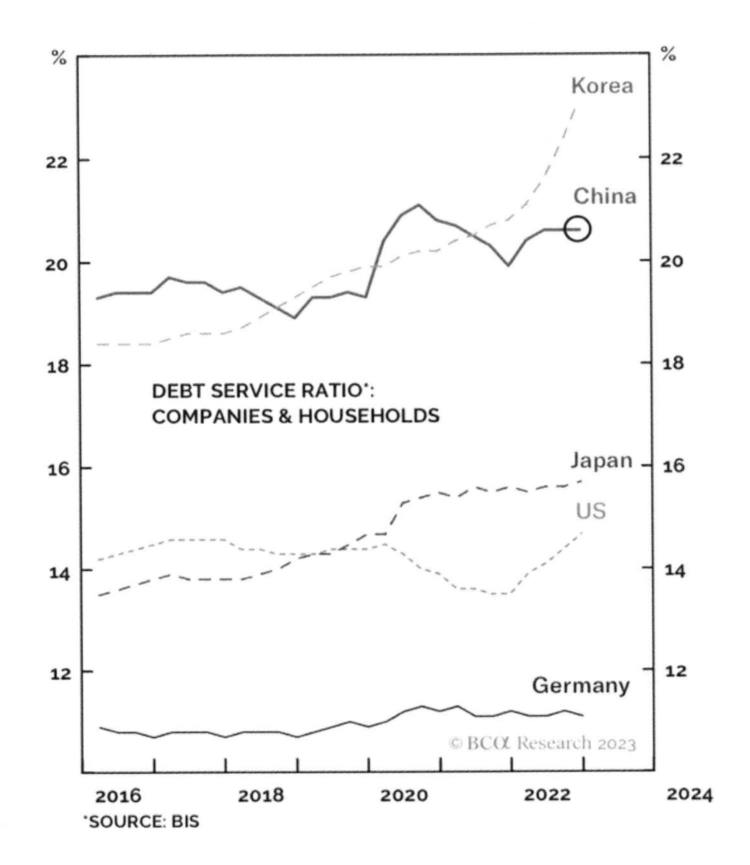

그림 2 채무상환비율(DSR, 개인이 받은 모든 대출의 연간 원리금을 연 소득으로 나눈 비율) - 출처: BIS, 데일리샷

부채의 위기는 또 다른 곳에서 드리워지고 있다. 바로 경제 주체인 민간 부문의 기업과 가계다. 그림 2)와 같이 이미 주요국 대비하여 부채 상환 비중이 매우 높다. 이로 인해 중국이 일본식 장기 경기 불황에 빠질 수도 있다는 경고의 메시지가 나오고 있다.

부채가 많아지면 이를 상환하기 위해 경제 주체가 행동으로 옮기는데 그 과정이 경기 불황을 만드는 것이다. 예를 들면 부채를 축소하기 위해 가계는 소비를 줄이고, 기업은 투자를 감축하면서 전반적인 내수 경기가 하강하게 된다. 이로 인해 주식과 부동산 등의 자산 가격이 동반 하락하면서 민간이 보유한 자산 가격의 하락도 발생한다. 그렇게 되면 추가적인 소비와 투자 감소가 발생하게 되면서 악순환에 빠지게 되고, 결국 이는 장기 불황의 시발점이 된다.

물론 이를 인지한 중앙 정부는 강한 경기 부양책을 앞세워서 경기에 자극을 일으키고, 수요를 진작시키면 된다. 하지만 지금껏 부채를 동원하여 경제의 사이즈를 키운 중국은 또 다른 사회적인 문제에 맞닥뜨리게 되었다. 양극화가 바로 그것이다. 시진핑의 체제 안정화를 위해서도 반드시 해결해야 할 과제다. 공동 부유도 여기서부터 출발한 것이다. 그중에서 부동산 가격의 급등은 양극화 문제의 핵심이었고, 이로 인해 중국 정부는 방만히 운영해왔던 부동산 개발업체에 부채를 줄이라는 압력을 가해왔다. 그리고 가계에는 부동산 투기 억제의 강한 기조를 내비쳤던 것이다. 강한 규제와 더불어 코로나19로 인한 경기 충격, 선진국의 수요 감소, 마지막으로 미국과의 무역 분쟁과 첨단 산업 규제가 맞물리면서 경제의 가장 약한 고리인 부동산 개발업체부터 터지고 만 것이다.

사회 양극화 문제 등을 해결하고, 방만히 운영해왔던 민간 기업들을 구조조정하면서 경제의 건전성을 개선해야 하는 문제가 있지만, 반대로 경제가 부진하면 민심이 크게 흔들리면서 시진핑의 강력한 리더십에도 균열이 갈 것이다. 중국 당국은 이 부분에서 줄다리기를 해야 하는 진퇴양난의 상황에 놓여 있다.

중국 경제의 장기 불황 가능성, 부동산 침체와 장기 성장 동력 하락

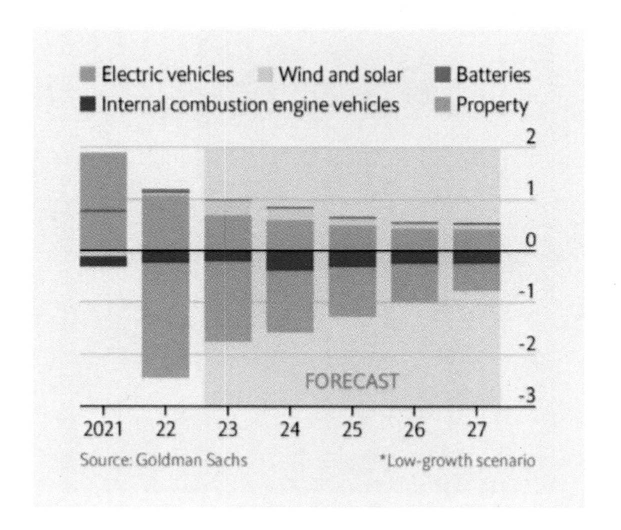

그림 3 산업별 중국 GDP 기여도. 중국의 부동산 시장은 수년간 중국 경제성장에 걸림돌로 남게 될 전망이다 - 출처: 이코노미스트, 골드만삭스

시진핑 집권 기간 내에 공동부유를 달성하기 위해서는 사회에 만연하게 뻗은 부패 청산도 중요한 과업 중 하나다. 이 두 개의 목표의 최정점에 서 있는 곳이 중국의 부동산 시장이다. 특히 중국의 부동산 산업은 부패의 진원지로 지목되면서 규제가 시작됐고, 현재는 고통을 감내하고 있는 중이다. 그러면서 중국은 부동산 시

장의 구조조정을 '연착륙화'시키길 원한다. 다만 그림 3)과 같이 그 과정이 순탄하지는 않을 전망이다. 이유야 어쨌든 경제에서 차지하는 비중이 워낙 크기 때문에 강력하게 추진할 경우 부동산 가격 급락과 이로 인한 주택담보대출 부실로 이어지면서 중국 내 금융 시스템에 큰 위기를 초래하게 되고 결과론적으로 경기를 위축시킬 가능성이 크기 때문이다.

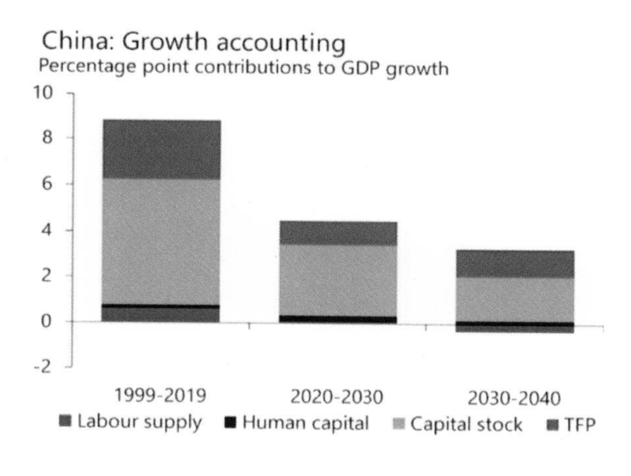

그림 4 시대별 중국 GDP의 원동력 구분 - 출처: 옥스포드이코노믹스

중국의 장기 경제성장률 하향 추세도 중국 투자에 걸림돌이다. 그림 4)에서 보듯 경제성장률의 가장 중요한 요소는 △ 노동공급(Labour supply), △ 지식, 기술, 창의성 등의 인적 자본(Human capital), △ 운송 인프라, 통신 네트워크 등 자본 스톡(Capital stock), △ 노동 생산성과 함께 근로자의 업무능력, 자본 투자 금액, 기술도 등을 복합적으로 반영한 총요소 생산성(Total Factor Productivity)

이다.

노동 인구는 20세기 한 자녀 정책으로 현재 중국의 생산 가능 인구는 정점에 이르렀고, 높은 청년 실업률과 혼인율 감소 그리고 주거비와 교육비 증가 등에 따라 출산율도 하락하고 있는 중이다. 중국 당국도 이를 인지하고 출산을 장려하는 정책을 펼치고 있으나 인구 감소의 현상을 상쇄시키기 어려울 것으로 보인다. 오히려 다가오는 고령화 시대에 대한 사회적 부담을 준비해야 할 처지에 놓였다. 인적 자본의 경우 '자유'라는 배경에서 탄생되는 것인데, 공산주의 국가에서 창의성과 지식의 특허권을 바라는 것은 모순에 가까워 보인다. 중국의 성장 동력만 보더라도 기술 탈취, 특허권 침해 등 소위 '짝퉁'에서 시작된 것이 대부분이기 때문에 이런 현상이 만연한 곳에서 높은 인적 자본을 기대하는 것은 어렵다. 자본 스톡의 경우 인프라 및 통신 네트워크 투자가 폭발적으로 성장했지만, 이러한 투자가 과도하게 이뤄져 산업 전반에 과잉 생산으로 이어졌고, 수익 감소와 함께 부실로 나타나게 되면서 성장 동력을 오히려 떨어뜨리는 요소로 남게 되었다. 결국은 생산성 향상이 중국 미래 성장 동력의 열쇠를 쥐고 있지만, 생산성을 독려하기 위해서는 기업 간의 자유로운 경쟁과 함께 외국인 투자 및 참여를 이끌어야 한다. 하지만 이마저도 시진핑의 체제하에서 기업들은 공산당 눈치를 볼 수밖에 없고, 미-중 갈등 속 서방국의 첨단 기술 제재는 외국인 투자자가 이탈할 수밖에 없게 만들고 있다.

중국 투자,
중국 정부의 육성 산업을 체크하라

2023년 9월 30일, 화웨이의 신규 스마트폰인 '메이트 60프로'에 7㎚ 반도체가 탑재되었다는 뉴스에 관련 업계가 한 번 큰 술렁임을 겪었다. 2020년 5월 미국 정부가 자국의 기술이 들어간 반도체를 화웨이에 수출하지 못하도록 규제를 가하면서 화웨이는 스마트폰 시장에서 퇴출을 맞이했던 경험이 있다. 또한 미국은 첨단 기술의 핵심인 미세 공정 반도체를 중국에서 생산하지 못하도록 하기 위해 네덜란드 ASML에 극자외선 노광장비(EUV)를 중국에 수출하지 못하게 압력을 가했는데, 미국의 제재에도 불구하고 보란 듯이 미세 공정의 반도체를 만들어낸 것이다.

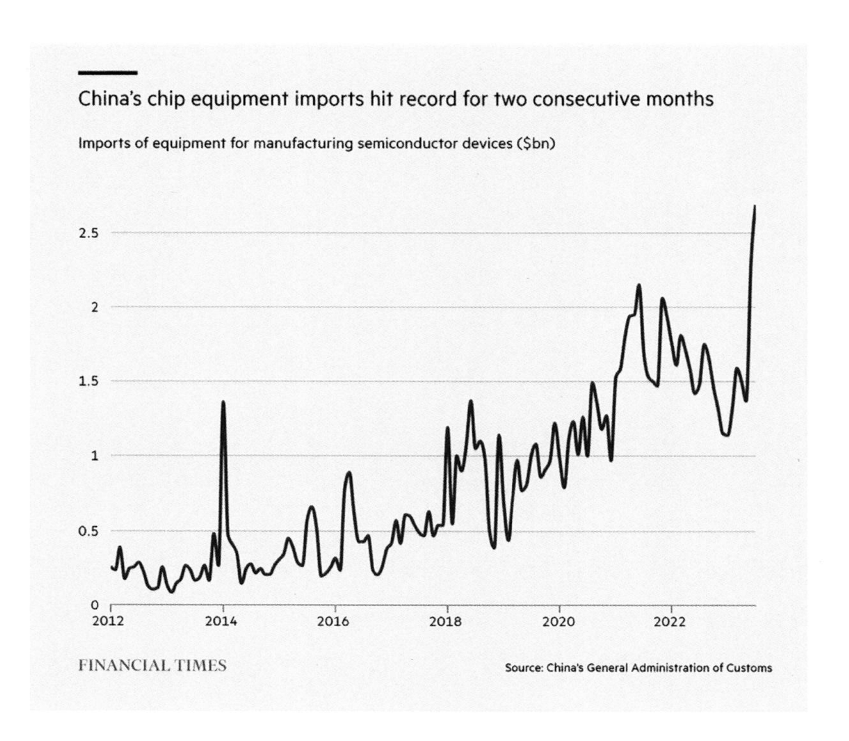

그림 1 중국의 반도체 장비 수입의 급증 - 출처: 파이낸셜타임즈

그림 1)과 같이 중국의 반도체 굴기는 이제 막 시작했다고 해도 과언이 아니다. 3기 반도체 육성 기금도 약 55조 원이라고 알려졌듯, 중국 내 반도체 기업은 정부의 등에 업혀 막대한 규모의 투자를 늘려나가고 있다. 중국의 파운드리 기업인 SMIC도 이번 7나노 반도체를 기존의 TSMC와 삼성전자가 하던 EUV 장비가 아닌 DUV(심자외선) 장비를 사용하였고, 멀티 패터닝[5]을 통해 미세 공정 반도체를 생산했을 것으로 추정하고 있다. 이 경우 EUV를 활용하여 만드는 것보다 더 많은 과정을 거치기 때문에 비용

5 반도체 회로를 여러 번에 나눠 웨이퍼에 노광하는 기술

증가로 마진이 나오는 것이 불가하지만, 중국 정부 차원에서 지원을 받아 진행한 것으로 분석된다. 실제 화웨이 신제품 출시 후 그림 2)와 같이 중국의 반도체 관련 기업 주가는 큰 폭의 상승을 보였다.

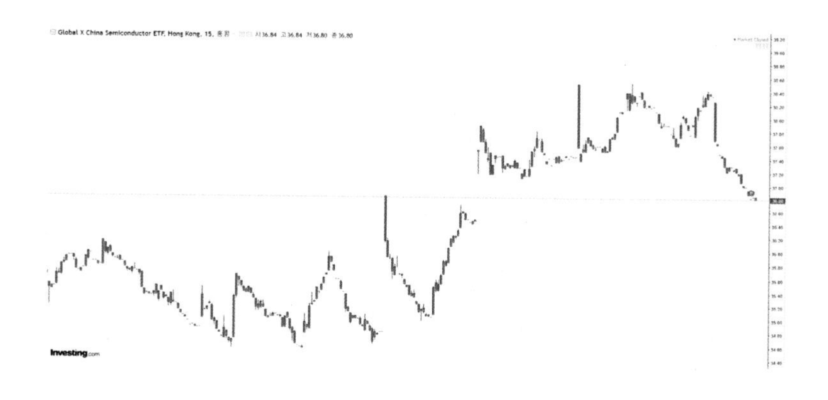

그림 2 **Global X China Semiconductor ETF(홍콩 시장 상장 반도체 ETF) - 출처: 인베스팅닷컴**

더불어 화웨이는 4차 산업의 핵심이라고 할 수 있는 인공지능(AI) 반도체 개발에도 성공했다고 발표했다. 이는 엔비디아의 대표적인 데이터센터 GPU인 A100과 동급의 인공지능 가속기 수준이라고 알려지고 있다. 물론 A100 GPU는 이전 세대 제품으로 엔비디아는 이보다 성능이 높은 수준의 GPU를 개발하고 출시할 예정이지만, 미국의 제재를 직접적으로 받고 있는 분야에서 의지가 섞인 결과물을 하나씩 발표하고 있는 것이다. 이에 대해 엔비디아의 CEO인 젠슨 황은 '미국의 대중 반도체 수출 제한이 중국의 반도체 자립만 도와줄 것'이라는 경고의 메시지를 나타냈다.

그럼 중국 반도체 산업의 미래는 어디로 갈 것인가? 중국은 미국의 첨단 기술 제재를 피하고자 28나노미터 공정에 열을 올리고 있다. 미세 공정의 첨단 반도체 생산이 아닌 구형 공정인 셈이다. 하지만, 구형 반도체 수요도 전체 반도체의 75%로 여전히 높다. 백색가전부터 시작하여 자동차와 5G 분야에 활발하게 사용되고 있어, 중국 제조 산업에 반드시 필요한 부분이다. 히든카드는 차세대 전력반도체 개발 분야다. 기존의 첨단 반도체 산업은 제조 공정에 관한 다양한 특허 장벽이 서방국에 가로막혀 있어 기술 난관을 극복하기 어려웠지만, 차세대 전력반도체의 경우 미국, 일본 등 경쟁국과 기술 격차가 상대적으로 작고 관련 특허 수도 2위(28%)를 차지하고 있어 시장에서는 향후 5~10년 안에 중국이 선도할 수 있을 것으로 평가하고 있다. 중국 정부도 해당 산업을 게임 체인저로 규정하고 육성에 박차를 가하고 있다.

그림 3)처럼 자동차 산업으로 시선을 돌려보면 반도체와 달리 세계 시장의 점유율을 넓힐 준비를 마치고 있다. 2023년 8월 중국 수출 데이터는 -8.8%로 부진이 계속되었지만, 반대로 자동차 수출은 전년 대비 42%가 증가하는 호조세를 기록하였다.

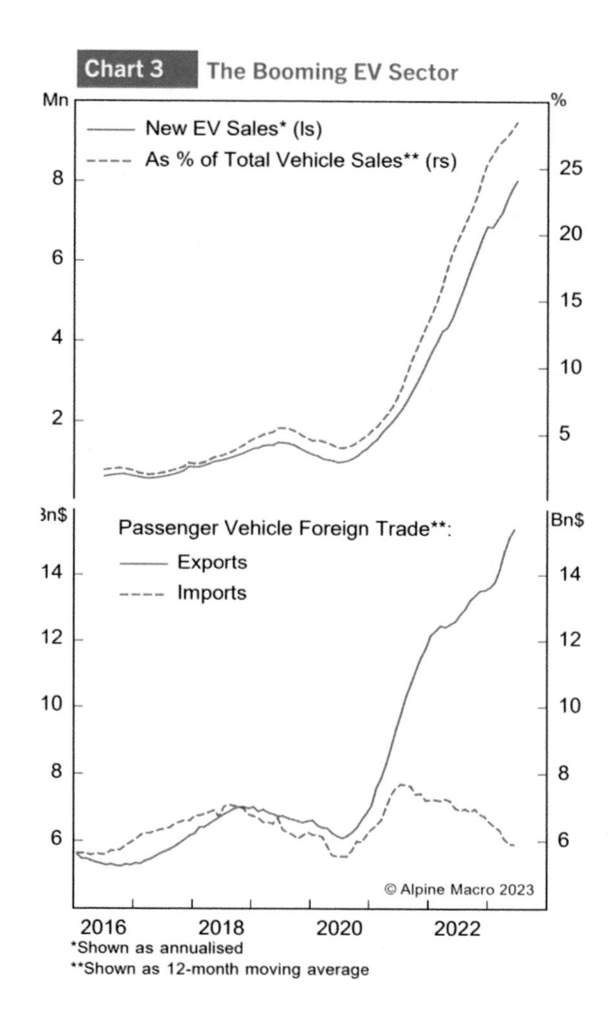

그림 3 중국의 EV 판매량과 자동차 대외무역 - 출처: 알파인매크로

그 중심에는 전기차 산업이 강하게 떠받치고 있다. 친환경차로 시장이 재편되는 트렌드에서 중국은 이에 맞는 성장 전략을 택했고, 전기차 제조부터 시작하여 LFP로 일컫는 리튬인산철 배터

리와 여기에 들어가는 핵심 광물 자원까지 수직계열화를 갖췄다. 이를 통해 전기차 부품의 약 75%를 자체 생산하여 조달할 수 있게 되었고, 비용 측면에서도 비교 우위를 확보할 수 있게 되면서 가격 경쟁력을 바탕으로 세계 시장 진출을 확대하고 있다. 성능과 디자인도 개선하면서 과거 저렴한 중국 자동차에 대한 인식이 바뀌고 있는 것도 고무적이라는 평가가 나온다.[6]

다만 일부 산업에서는 과잉 투자 우려가 나타나고 있어서 주의도 해야 한다. 특히 배터리 생산은 2027년까지 수요의 4배에 달하는 공급 과잉이 발생할 것으로 추정되면서 과거 비슷한 사례에 있던 태양광 패널 덤핑 같은 일이 초래될 것으로 보이고 있다. 마찬가지로 난립하고 있는 중소형 전기차 업체들도 구조조정이 필요하다. 특히 전기차 구매 보조금이 사라지면서, 중국 전기차 업체의 손실 규모가 커지면 결국 상위 2~3개 회사만이 남게 될 것이다. 반대로 이에 대한 투자의 기회도 물색할 수 있다. 배터리 공급 과잉은 배터리 가격 하락으로 이어지면서 전기차 제조업체에겐 수익성 제고를 안겨줄 수 있고, 치열해진 경쟁은 성능 향상으로 이어져 브랜드 가치 상승과 해외 시장의 활로를 개척할 수 있을 것이다.

한편 내수 시장은 어떨까? 중국의 경제 모델은 소비 모델인 미국보다는 제조업 강국인 독일 모델을 선호하고 있다. 그림 4)를 보면 실제 GDP 대비 가계 소비 비중은 미국이 68%인데 비해 중국은 38%로 현저하게 낮은 수치를 기록하고 있다.

---

6 https://www.youtube.com/watch?v=60PlZXcUrcU(BYD SEAL 리뷰 영상)

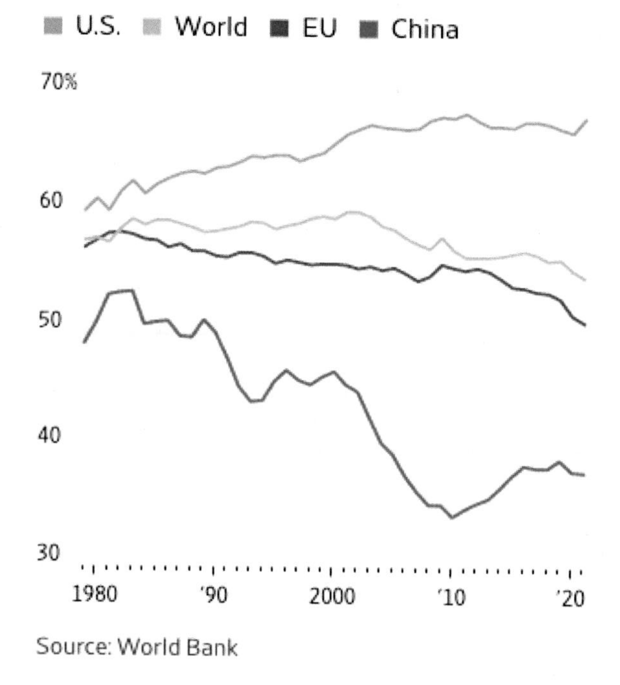

그림 4 주요국의 GDP 대비 가계 지출 비중 - 출처: 월스트리트저널, 세계은행

중국 경제가 안정적인 성장에 안착하기 위해서는 내수가 뒷받침되어야 하는데 중국 당국은 민간 소비보다는 반도체, 인공지능 등 첨단 산업이 중심이 된 투자 주도형 모델을 선호하고 있다. 가장 큰 이유는, 소비가 주를 이루는 경제는 구조적으로 해외 수입 물품에 대한 의존도가 높아지고, 이에 따라 경상수지에도 적자가 발생되는 악영향 때문이다. 2016년 시진핑은 서구식 복지 국가를 지향해서는 안 된다고 강조했는데 WSJ의 기사를 참고하면 시진핑은 젊은 시절 문화대혁명 기간 동안 어렵게 숨어 지냈는데 그때

부터 '금욕이 번영의 근간'이라는 신조가 강하게 잡혔고, 공산당 고위 관료들도 '서구식 복지가 중국 인민들을 게으르게 만들 뿐이라는 생각을 가지고 있다'라는 신념을 가지고 있기에 장기적으로 중국 내수 부양에 대한 기대감은 낮춰야 할 것이다.

중국 반도체 투자 ETF 분석

	KODEX 한중반도체	TIGER 한중반도체	TIGER 차이나반도체FACTSET
순자산총액	68억	96억	143억
평균거래량	0.04만 주	0.01만 주	1.39만 주
3개월 성과	-4.95%	-6.16%	-16.55%
구성 종목 수	6	8	26
상위 5 비중	99.79%	76.96%	37.87%

표 1 출처: 각 자산운용사(기준 2. 19.)

중국 정부의 전폭적인 지지를 받고 있지만 미국과 서방국의 제재까지 동시에 받고 있는 중국 반도체 산업의 미래는 어떻게 될 것인가? 결론적으로 시간이 지날수록 기술의 격차는 좁혀질 것으로 보고 있다. 초미세 공정의 첨단 반도체에서 TSMC와 삼성전자가 얼마만큼 압도적인 기술력으로 달아날지 관건이긴 하지만, 앞서 언급한 대로 중국의 반도체 산업은 우선 자급자족이 돼야 하는 만큼 생산 능력을 크게 늘리고 있는 상황이다. 향후 3년 동안 60%, 5년 동안 지금의 두 배 수준의 생산 수준으로 커질 전망이다.

중국 반도체에 투자되는 ETF는 크게 2가지로 구분할 수 있다. 먼저 KODEX와 TIGER의 '한중반도체' ETF는 비슷한 구성 종목을 보이고 있다. 삼성전자와 SK하이닉스에 각각 약 14%, 11%씩 담고 있으며 그다음 TSMC에 약 7%의 투자 비중을 보이고 있다. 이후 투자되는 대표 중국의 반도체 기업을 살펴보면 우선 웨이얼반도체(Will Semiconductor CO.,Ltd. Shanghai)를 대표적으로 꼽을 수 있다. 반도체 설계만 담당하는 팹리스 기업으로 이미지센서(CMOS Image Sensor)에서 중국 1위, 글로벌 3위다. 2023년에 글로벌 팹리스 top 10 중 유일한 중국 기업으로 이름을 올린 기업이다. 주로 스마트폰 분야가 높은 매출 비중을 차지하고 있으며, 자국 내 로컬 스마트폰 기업인 오포, 비보의 약진이 지속되는 가운데 중국 반도체 국산화 정책에 가장 부합하는 성과를 내는 기업이다. 그다음은 중국 내 반도체 장비 업체를 들 수 있는데 우선 AMEC(Advanced Micro-Fabrication Equipment Inc. China)는 주로 식각, 배선 등 반도체 전공정용 장비를 전문으로 제조하는 기업이다. 중국 내 최대 반도체 장비 업체인 베이팡화창(NAURA Technology Group Co.,Ltd.)도 빼놓을 수 없다. 해당 기업은 식각, 박막, 세정 장비 분야에서 경쟁력을 보유하고 있다. 중국 반도체 장비 업체들은 미국의 강력한 반도체 제재에 반사 이익을 입어 매출이 빠르게 늘고 있는 현상을 보이고 있다. 'TIGER차이나반도체FACTSET' ETF는 중국 내 반도체 기업에만 투자되는 특징을 보이고 있어, 앞서 2개의 ETF와 차이를 보인다. 투자 비중을 보면 어느 한두 기업에 쏠려서 투자되지 않고 26개 기업에 골고루 분산 투자되는 모습을 보이고 있어, 중국 반도체 기업에만 투자하고 싶은 투자자들에게 적합한 ETF라고 볼 수 있다.

중국을 대체할 신흥국 펀드, 무엇이 있을까?

세계화 시대의 장점은 분업화다. 한 국가가 절대 우위에 있더라도 상호 무역을 통해 이익을 극대화할 수 있는 비교 우위를 찾으면 그곳에 투자하고 발전시켜 생산의 비용을 낮출 수 있는 협업 체계를 만들었다. 그 과정 중에 가장 큰 수혜를 얻은 국가가 등장하게 되는데, 바로 중국이다. 중국은 풍부하고 경쟁력 있는 노동력을 바탕으로 제조업을 성장시켰고, 엄청난 잠재력을 지닌 내수 시장을 기회 요인으로 전 세계의 기업을 유인하였다.

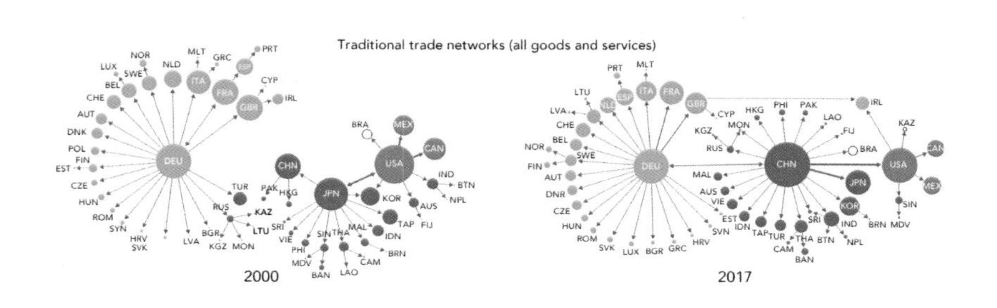

그림 1 2000년도와 2017년도 글로벌 무역 밸류체인의 변화 - 출처: WTO

그림 1)과 같이 WTO에서 발표한 전통적인 무역망의 변화를 살펴보면 2000년에는 유럽은 독일, 아시아는 일본, 북중미는 미국을 중심으로 밸류체인이 형성되었지만 2001년 중국이 WTO에 가입한 이후 2017년 아시아는 중국의 밸류체인 아래 놓였고, 유럽의 독일과 북중미의 미국도 중국의 밸류체인에 묶여버리게 되었다. 중국을 중심으로 무역망이 재편된 것이다.

이후 코로나19가 발생하고 전 세계는 분업화된 세계화의 약점을 확인하게 되었다. 한 곳이라도 마비되는 순간 전 세계의 모든 공장이 중단되었던 것이다. 이를 인지한 미국은 자국 중심으로 밸류체인을 재편하고자 하였다. 국가 안보를 위협할 정도로 커진 중국을 배제하고 자국(reshoring), 근방에 있는 국가인 멕시코(nearshoring), 동맹국과 함께 공동의 공급망을 만드는 프렌드쇼어링(friend shoring)의 정책을 취하게 된다.

이 과정 중에 불가피하게 발생하게 되는 부작용도 존재한다. 우리나라의 경우를 예로 들면 미국 중심의 경제 블록과 중국 및 러시아로 구성된 블록 중 선택해야 하는 외교적, 경제적 마찰이 발생한다. 특히 오랜 기간 중국과 제조업 밸류체인에 묶여 있었기에, 이 부분을 도려내는 데 상당한 기회비용이 발생할 수 있다. 기업들에게는 제조 기지 이전, 특정 반도체 수출 제재에 따른 비용 부담 증가로 이어지게 될 것이다. 반대로 해외 투자금이 유입되면서 공장이 새롭게 들어서고 일자리가 창출되는 경제의 선순환 구조를 맞이하는 국가도 존재하게 되는데 베트남, 인도가 그 중심이다.

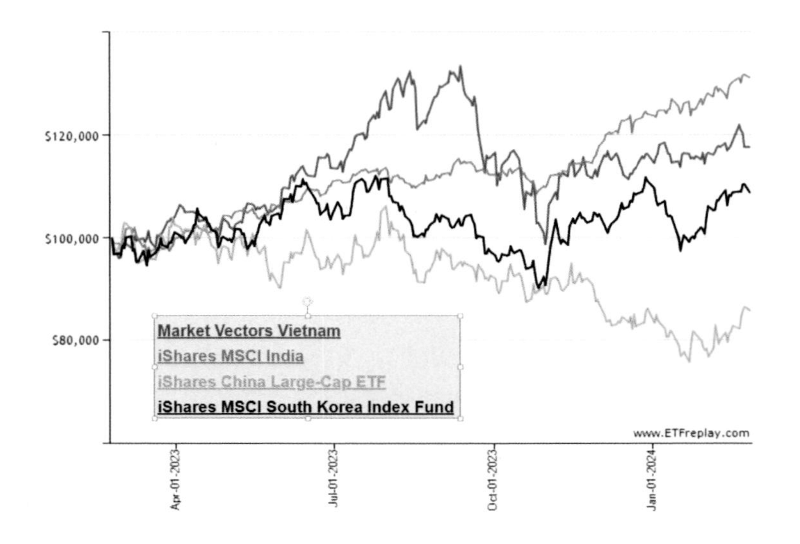

그림 2 신흥국 대표 ETF 1년 성과(위에서부터 인도, 베트남, 한국, 중국 순서)
- 출처: ETFplay

KOTRA에 따르면 최근 2년간 글로벌 기업의 63% 정도가 중국 내 생산 기지 중 40% 이상을 인도와 베트남으로 이전했다. 따라서 중국 비중이 큰 이머징 마켓에서는 자금이 빠져나가는데, 반대로 베트남과 인도 증시에는 자금이 유입되면서 증시의 상승세를 이어가고 있다. 베트남 정부는 2023년 1분기 GDP 성장률이 목표치인 6.5%를 하회하는 3.3%가 나오자 기준 금리를 6%에서 4.5%까지 인하하였고, 내수를 부양하기 위해 부가가치세율을 내리는 등 과감한 경기 부양 정책을 앞세웠다. 현재 경기 침체 국면임에도 소극적인 태도를 보이는 중국 정부와는 다른 모습이다. 인도는 인구수가 강점인 나라로 풍부하고 저렴한 노동력이 강점이고, 더불어 거대한 내수 시장도 보유했다는 점이 매력적이다. 이에 따라 국내 투자자들도 중국 펀드를 외면하고 베트남과 인도 펀드에 관심을 두고 있다.

펀드슈퍼마켓에서 펀드 유형을 '베트남주식'으로 구분한 뒤 운용 규모 100억 이상을 검색하면 10개의 베트남 펀드가 검색된다. 환노출로 운용이 되는 5개 베트남 펀드의 3년 기준 위험-수익을 구분해보면 '삼성베트남증권자투자신탁UH' 펀드가 눈에 띈다.

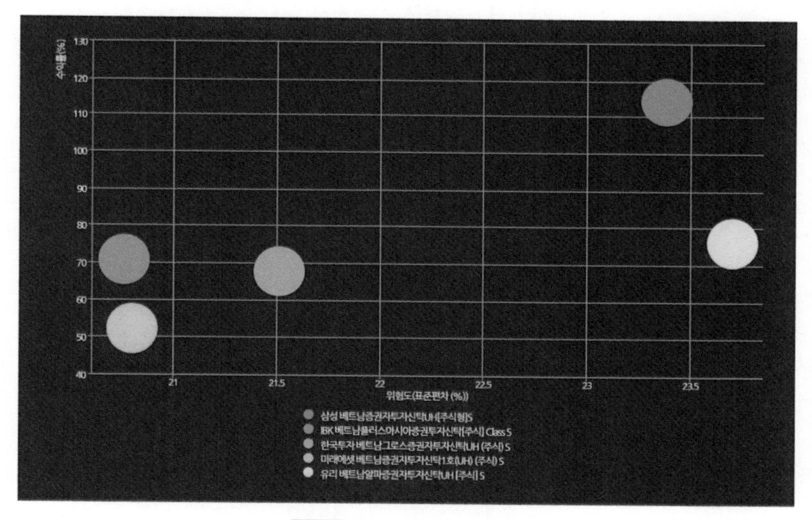

그림 3 출처: 펀드슈퍼마켓

같은 조건이지만 환헤지로 운용되는 5개 인도 펀드의 3년 기준 위험-수익을 구분하면 '미래에셋인도중소형포커스증권자투자신탁1호'가 눈에 띈다.

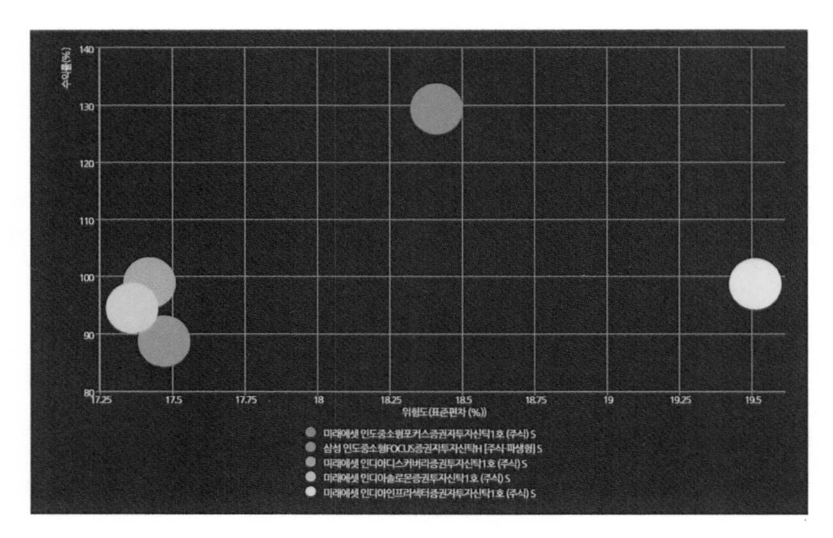

그림 4 출처: 펀드슈퍼마켓

그럼 베트남과 인도는 중국을 대체할 수 있을까? 결론부터 말하자면 당장 중국을 대체할 국가는 나타나기 힘들다. 제조업 부문에서 중국은 이미 숙련된 인력, 토지, 관련 인프라, 그리고 높은 R&D 지출 비중을 보유하고 있다. 비슷한 인구를 보유한 인도와 비교하면, GDP 내 농업의 부가가치 비중이 2022년 기준 인도는 17%인 반면 중국은 7%에 불과하다. 인도는 여전히 농업에 대한 의존도가 높다. 또한 제조업이 27%인데 반해, 서비스업이 55%로 제조업이 경제성장을 주도하는 개발도상국의 성장 모델과 달리 서비스업이 중심적인 역할을 하고 있다. 더구나 중국처럼 자국 내에서 원자재나 부품을 직접 생산하고 조달하여 제품을 만들 수 있는 공급망이 아직 구축돼 있지 않다. 제조 인프라를 갖추기 위해서는 막대한 자본이 필요하고 정부의 육성 의지가 확인되어야 한다. 중국은 이 경우에서 중앙 정부의 권력이 막강하기 때문에 일관적이고 신속한 의사 결정이 가능했지만, 지방 분권이 발달된 인도는 의사 결정에 상당한 시간이 필요한 것도 단점으로 지적된다.

베트남도 중국을 대체하기까지는 상당한 시간이 걸리거나 어쩌면 앞으로도 대체 불가능할 수 있다. 제조업에서 베트남이 중국보다 우위에 있는 점은 인건비 정도뿐이고, 나머지는 모두 열위에 있다. 제조업의 밸류체인이 아직 형성되지 않았으며, 더 나아가 세계의 공장이 되기 위해서는 중화학 공업 기반이 필요하다. 다만 중화학 공업의 특성상 초기 투입 자본이 높고 창출되는 일자리 수는 적은 데 반해, 투자금을 회수하는 데 따르는 기간이 상당히 길어 정부 주도의 적극적인 시장 개입이 요구된다. 다만 베트남은 자유시장 경제를 표방하고 있기 때문에 이 부분도 쉽지 않을 것으로 예상된다. 마지막은 정치적 리스크의 존재다. 최근에는 친미파들이 모두 숙청되면서 서열순에서 친중파가 차지하는 정치적인 변화가 일어났다. 반부패 캠페인을 벌이면서 권력을 다지고 있고 인터넷 통제 등 민간 부문의 영향력을 축소하려는 중국식 관행이 나타나고 있는 모습도 보이고 있다. 이런 추세가 지속되면 장기 경제 전망에 부정적인 영향을 미칠 수 있다.

결국 중국을 대체하는 나라를 찾기보다는 '보완' 하는 나라로 접근하는 것이 맞을 것이다. 두 국가를 투자할 때 유념해서 살펴봐야 하는 데이터는 제조업PMI 지표다. tradingeconomics 사이트에서 두 국가의 데이터를 확인할 수 있고, 2024년 2월 기준 50 이상에서 확장 국면을 지속하고 있다.

인도는 중국을 대신하여 새로운 G2의 위상까지 갈 수 있을까?

인도 증시의 우상향이 이어지고 있다. 주된 이유를 꼽자면 향후 중국을 대체할 세계의 공장으로 발돋움할 수 있다는 기대감이 가장 클 것이다. 중국을 제치고 가장 많은 인구수를 보유한 나라가 되었고, 그만큼 저렴하고 풍부한 노동력과 잠재력 높은 내수 시장이 강점이 되고 있다. 더해서 미국의 디커플링 전략에서 일본은 첨단 산업의 수혜를, 인도는 제조업의 수혜를 각각 받게 되면서 글로벌 공급망에서 인도는 매우 중요한 나라가 될 수 있다. 또 일본, 호주와 더불어 쿼드(Quad)를 형성하면서 지정학적인 요인으로도 미국과 긴밀한 관계가 형성될 것으로 보인다. 특히나 중국을 군사적으로 견제하려고 하는 미국 입장에서 인도는 매우 중요한 카드가 된다. 인도와 중국은 카슈미르 영토 분쟁으로 사이가 매우 좋지 않고, 중국의 도발에 강력하게 맞대응을 보여주는 국가 중 유일한 나라이기도 하다.

최대 인구수와 인구배당효과

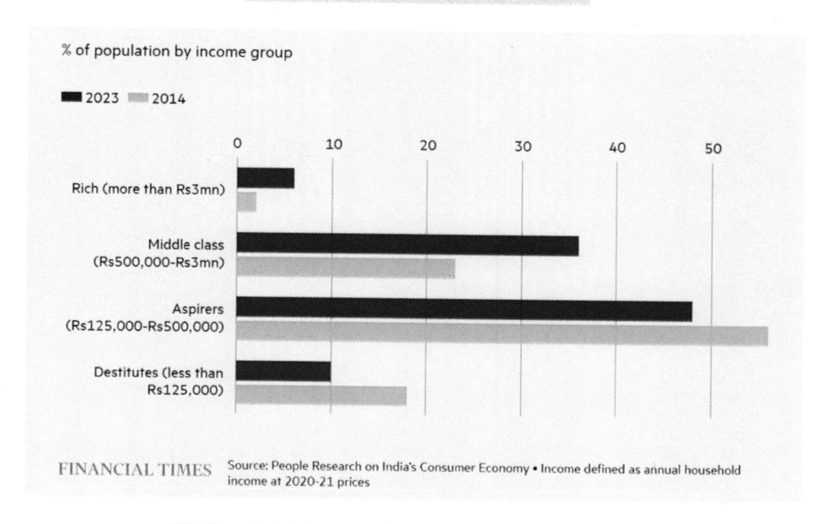

그림 1 소득 집단별 인구수 변화 - 출처: FINANCIAL TIMES

코트라의 인도 인구 전망 보고서에 따르면 인도의 인구수는 2024년에 15억 명, 2064년에는 17억 명에 달할 것으로 예상된다. 특히 25세 미만 젊은 인구의 수가 전체 인구의 40%를 차지하면서 경제에 활력을 불어넣고 있다. 또한 앞으로 10년간 9,700만 명의 노동 인구가 추가될 것으로 예상되면서 인구배당효과[7]도 톡톡히 볼 것으로 보인다. 과거 우리나라의 1차, 2차 베이비 붐 세대들이 사회에 진출하면서 경제성장률을 끌어올린 동력을 생각하면 인도의 경제 발전은 기대감을 갖게 만든다.

7 인구배당효과란 생산가능인구(15~64세)의 비율이 증가함에 따라 그로 인해 부양률이 감소해 경제성장이 촉진되는 효과를 말한다. 1차적인 효과는 농촌경제가 도시경제로 전환되면서 출산율이 낮아져 상대적으로 생산가능인구 비율이 높아지고, 부양률은 낮아져 저축률 및 경제성장률 상승으로 이어지는 효과를 말한다. 2차 효과는 기대수명연장으로 노년층의 경제활동이 확대되면서 경제성장이 촉진되는 현상을 말한다. 노년층의 노동 참가는 인적 자본의 증가로 이어질 뿐 아니라, 이들의 소비 여력을 증가시켜 경제성장을 촉진할 수 있다(출처: 코트라).

생산가능인구 증가와 이로 인한 경제 발전의 혜택으로 개개인의 소득 수준이 향상되면서 빠르게 삶의 질이 개선되고 있다는 것도 중요한 체크 포인트다. 그림 1)을 보면 현재 인도 내 중산층 인구는 3억 명에서 5.2억 명으로 늘었고, 상류층 인구 또한 3천만 명에서 9천만 명으로 3배가 증가하면서 거대한 내수 시장이 만들어지고 있다. 이는 글로벌 기업들에게도 기회를 제공할 수 있는 매력적인 투자처가 되고 있다.

기대감을 갖게 하는 경제지표들

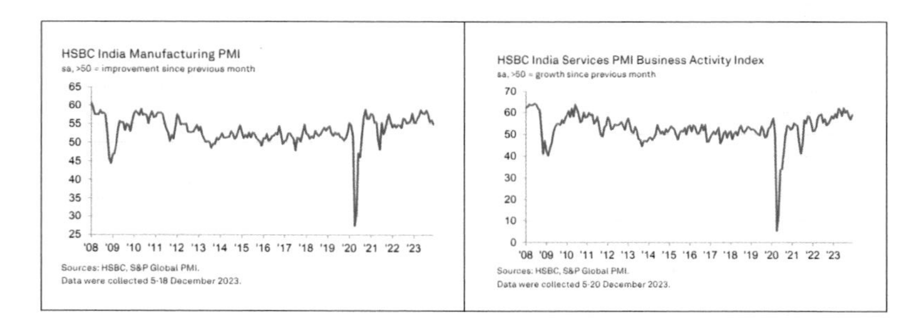

그림 2 제조업PMI와 서비스업PMI - 출처: spglobal pmi

그림 2)의 PMI 지표를 보면 제조업과 서비스업은 서로 엇갈린 행보를 보이고 있는 것으로 확인된다. 제조업부터 보면 2023년 12월 PMI는 이전 달 56에서 54.9로 하락했지만 여전히 확장 국면인 50선 위에서 머물고 있다. 서비스업은 이전 달 56.9에서 59로 상승하면서 가속화하는 모습을 보이고 있다. 2024년도 글로벌 인

플레이션이 하락하면서 비용 압박이 덜해진다면 좀 더 기대감을 갖게 하는 PMI 지표가 나타날 수 있을 것이다.

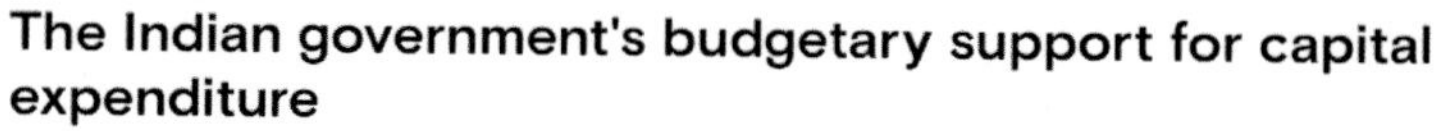

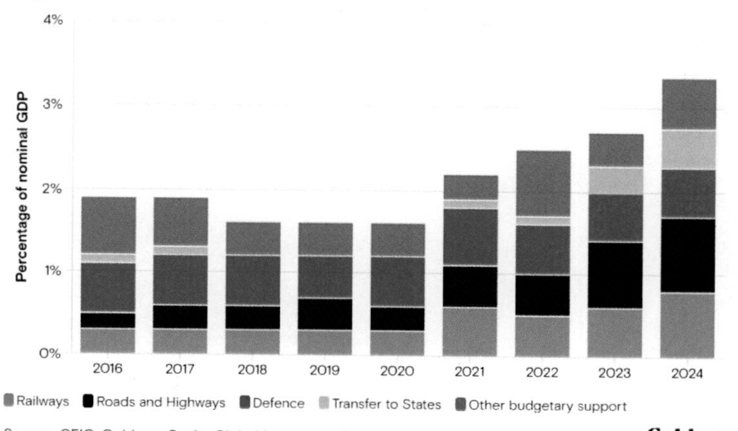

그림 3 인도 정부의 자본 지출 계획 - 출처: 골드만삭스

인도는 2027년경 일본과 독일을 제치고 미국, 중국에 이어 세계 3대 경제 대국(G3)으로 부상할 것으로 예측하고 있다. 양호한 미국의 경제성장률과 경기 둔화에 빠져서 나올 기미가 보이지 않는 중국을 바라보면, G2로서 중국의 자리는 인도에게 넘겨줄 수 있을 것으로도 보인다. 2023년 8월부터 2024년 2월까지 중국은 경기 둔화에도 불구하고 중앙은행의 기준 금리를 동결하는 기조를 이어가고 있고, 더불어 당국의 적극적인 부양책 카드가 나오지 않자 실망한 투자자들이 중국과 홍콩 증시를 떠나고 있다. 반면

인도의 경우 지속적인 경기 진작책을 바탕으로 글로벌 투자에서 이머징 마켓 비중을 중국 대신 인도로 담게 만들고 있다.

그림 3)을 보면 2024년도 인도 정부의 자본 지출 계획은 GDP 대비 3%가 넘는 규모를 책정하고 있다. 특히 모디 정부가 2020년에 발표한 'Self Reliant India' 정책을 살펴보면, 중국산 퇴출과 함께 자국의 민간 기업과 제조업을 육성시켜 중국을 대체할 글로벌 공급망의 중심이 될 것을 강조하고 있다. 이와 같은 인도 정부의 투자 기조는 앞으로도 지속될 전망이다. 시대적인 흐름(미-중 간의 분쟁)과 공급망의 중요도(중국을 대체할 공장), 그리고 글로벌 투자자들의 새로운 수익성(글로벌 투자)의 3박자 모두 인도를 향하고 있다.

그림 4)를 보면 1월 22일 종가 기준 인도 증권거래소의 시가총액은 4조 3,300억 달러로 홍콩 증권거래소 시가총액 4조 2,900억 달러를 넘어서면서 역사상 처음으로 전 세계에서 4번째로 큰 주식 시장이 되었다. 인도 증시의 성장 배경으로는 빠르게 성장하는 개인 투자자들의 유입과 강한 기업 이익이 뒷받침되었고, 중국을 대체할 제조업 중심 기지로서 발돋움할 것이라는 기대감과 잠재력이 뛰어난 내수 시장의 매력이 글로벌 투자자들을 끌어들이게 한 것으로 보인다.

그림 4 홍콩 증시와 인도 증시의 시가총액 - 출처: 블룸버그

넘어야 할 산

제조업은 신흥국이 가지고 있는 저렴하고 풍부한 노동력을 활용할 수 있을뿐더러, 기초적인 경제 체력을 탄탄하게 만드는 동시에 국가 내 인프라 발전에도 큰 도움을 주는 산업이다. 신흥국이 빠르게 발전하기 위한 초석이라고 보면 된다. 이에 2014년 모디 총리는 제조업 육성을 통해 일자리를 창출시킴과 동시에 글로벌 제조업체를 유치하여 그들의 기술과 자본을 확보하려는 'Make in India' 정책을 추진하게 된다. 목표는 제조업 비중을 GDP의 25%로 끌어올리는 것이었다. 하지만 세계은행에서 밝힌 인도의 GDP 대비 제조업 비중은 2004년 16%에서 2022년 13%로 오히려 감

소 추세를 보였다. 덧붙여 2023년 11월 발표한 식량 지원 프로그램 때문인지 농촌의 젊은 노동자들이 도시로 오기를 꺼려하고 있는 것도 문제이다. 열악한 도시 공장 노동자의 생활을 선택하기보다는 보조금을 받으면서 농촌에 머물러 농사를 짓는 선택을 하고 있는 것이다.[8] 또한 내수 시장의 기본 척도라고 할 수 있는 1인당 GDP는 2022년 기준 2,380달러로 부탄(3,040달러), 방글라데시(2,820달러)보다도 낮은 수준이다. 당장 내수 시장의 기대감보다는 제조업의 성장을 바탕으로 인당 구매력을 끌어올리는 경제 발전 모델을 확인해야 한다.

여전히 존재하는 신분 제도(카스트 제도) 또한 향후 경제 발전에 큰 걸림돌로 남을 가능성이 크다. 세계불평등 보고서에 따르면 인도에서 소득 상위 10%와 하위 50%의 소득 격차는 무려 22배에 달하면서 미국(17배), 중국(14배)보다 현저하게 높다. 높은 양극화는 사회 불안 요소로 남을 가능성이 높으며, 계급 사회에서 높은 위치에 있는 계층들은 자신들의 기득권을 유지하고자 정치적으로 이용할 가능성도 높다. 더군다나 곧 있을 인도 총선에서 모디의 3연임이 유력한 가운데 러시아의 푸틴, 중국의 시진핑과 같은 독재 국가의 길로 향하는 점도 염두해야 한다. 독재 체제 아래에서는 처해진 현실(심한 양극화와 8.65%에 달하는 높은 실업률, 끊임없는 종교적 갈등 등)에 대한 개혁을 일으키기보다는 현상을 유지할 가능성이 높기 때문이다.

---

8 인도의 농업 종사자는 2005년부터 감소하기 시작해 2019년에 2억 명에 못 미치는 숫자까지 떨어졌다가 지난해 기준 2억 6,000만 명까지 늘어나면서 2000년대 수준으로 돌아갔다.

순위	Company Name	Industry	Mkt Cap
1	Reliance	Oil Exploration and Production	1,808,523.88
2	TCS	IT Services & Consulting	1,368,993.86
3	HDFC Bank	Bank - Private	1,087,836.95
4	ICICI Bank	Bank - Private	697,110.72
5	Infosys	IT Services & Consulting	690,801.36
6	Bharti Airtel	Telecommunication - Service Provider	672,796.44
7	HUL	Household & Personal Products	578,222.66
8	ITC	Diversified	568,423.69
9	SBI	Bank - Public	545,695.40
10	Larsen	Engineering & Construction	503,536.77

표 1 인도 센섹스 지수 시가총액 상위 10개 기업 - 출처: moneycontrol

표 1)과 같이 주식 시장으로 시선을 돌려보면 향후 10년 내에 인도의 기업들이 글로벌 기업으로 발돋움할 것인가도 생각해볼 필요가 있다. 중국이 G2로 우뚝 선 이유에는 WTO 가입 이후 발생한 막대한 무역 수지 흑자도 있지만, 미국의 빅테크 기업들과 견줄 만한 알리바바, 바이두, 텐센트, 화웨이 등 IT 기업들의 빠른 성장이 있었고 더불어 CATL, BYD 등 배터리와 전기차에서 글로벌 시장을 장악한 기업들의 등장이 있었기 때문이다. 이는 다가올 미래 산업에서 기술력을 확보함과 동시에 국가 경쟁력의 중요한 척도로 여기고 있다.

반면 인도를 바라보면 미국과 글로벌 IT 기업들에게 약간의 긴장감이라도 줄 테크 기업들이 보이지 않고 있다. 해당 산업은 선점 효과가 매우 크기 때문에 시간이 갈수록 후발 주자는 시장 점유율을 빼어 오기가 굉장히 어렵다.

인도 투자, 유가 흐름을 파악하라

인도 투자에 있어 주의 깊게 봐야 할 지표가 있는데 바로 '원유 가격'이 그것이다. 인도의 수입 물품 중 가장 큰 부분을 차지하고 있어, 원유 가격에 따라 인도 경제의 흐름이 좌지우지된다. 특히 그림 5)와 같이 역사적인 추이를 보면, 원유 가격이 100달러를 넘어서게 되면 증시가 얼마 지나지 않아 조정의 모습을 보인 것도 확인할 수 있다.

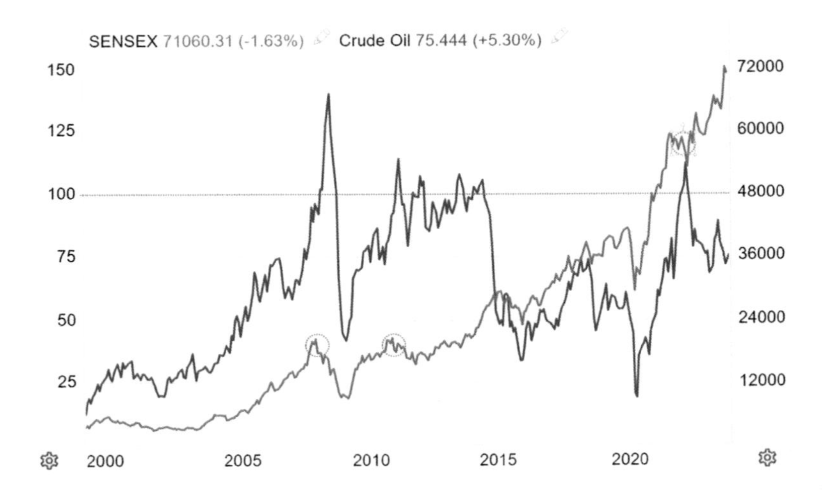

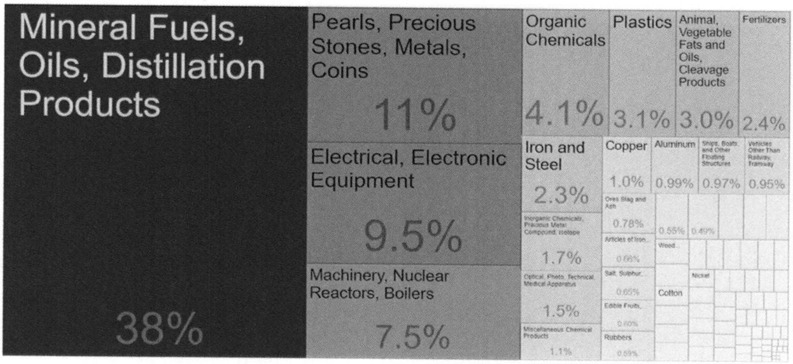

그림 5 위: 유가와 센섹스 지수, 아래: 인도 수입 물품 비중 - 출처: TradingEconomics

인도는 러시아와의 관계가 굉장히 친밀하다. 때문에 우크라이나-러시아 전쟁으로 서방국이 러시아에 제재를 가할 때[9] 인도는 오히려 러시아의 값싼 원유를 수입하면서 이득을 취해왔다. 미국 입장에서 아직까지 중국을 견제하는 데 러시아보다는 인도가 필요하다고 느꼈기 때문에 쿼드 회원국임에도 불구하고 인도와 러시아의 관계를 묻고 있지 않는 것으로 보인다.

그러나 각국의 이해관계는 역사적으로도 언제나 그랬듯 한순간 뒤틀려지곤 한다. 이런 의미에서 보면, 다가올 미국의 대선에서 트럼프가 당선될 경우 글로벌 외교 전선에 큰 변화를 야기할 것으로 보인다.

9 인도는 러시아 제재 결의안에서 기권표를 던진 나라다.

인도 주식형 펀드, ETF 분석

펀드슈퍼마켓 홈페이지에 접속하여 펀드 유형에서 '해외 주식-인도주식'으로 검색하면 총 14개의 인도주식형 펀드를 확인할 수 있다. 3년 성과 모두 좋은 수익률을 보이고 있지만, 그중 수익률 상위에 있는 '삼성인도중소형포커스'와 '미래에셋인도중소형포커스'가 눈에 띈다. 인도 펀드 14개를 확인해본 결과 유일하게 '삼성인도중소형포커스' 펀드만이 포트폴리오 구성상 중형 성장주 운용 전략을 택하고 있다. 인도 최대의 운용사인 릴라이언스의 자문으로 운용되는 펀드인 만큼 현지의 기업을 잘 파악하고 있고, 종목 선택도 잘했기에 이러한 결과를 보이고 있는 것이다.

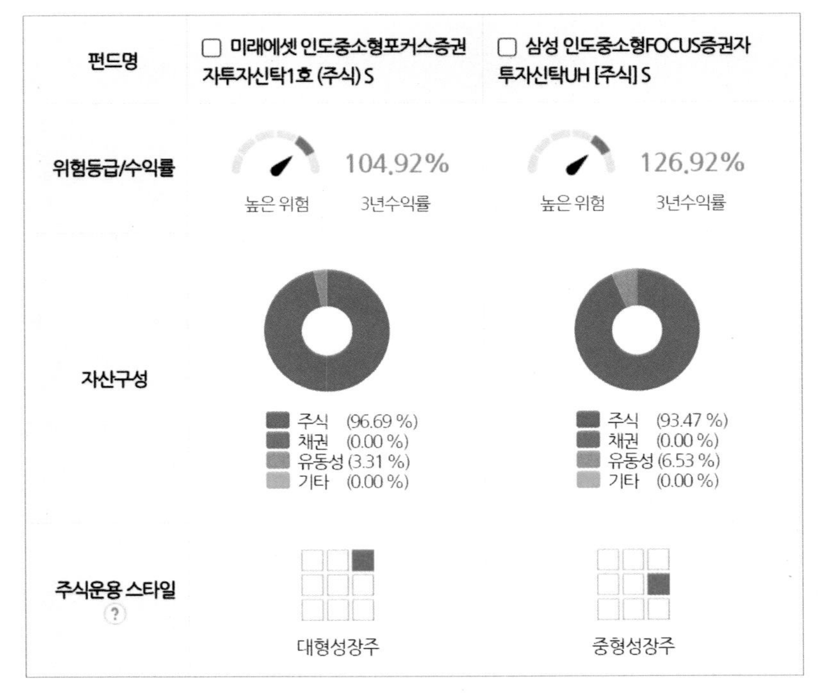

그림 6 출처: 펀드슈퍼마켓

보통 신흥국 펀드의 섹터 운용 전략을 보면 금융주섹터 비중이 높은 것을 확인할 수 있다. 신흥국은 경제 발전에 포커스를 둔 만큼 자본 유치와 해당 자본을 잘 활용하는 것이 매우 중요하다. 1차적으로 자본이 흘러 들어가면서 효율적으로 분배하는 곳이 금융기관이라, 안정적인 성장성을 보유한 섹터로 받아들이면 된다. 하지만 총 14개의 인도 주식형 펀드 가운데 '삼성중소형' 펀드와 '미래에셋인디아인프라' 펀드만이 섹터 운용 비중에서 금융 비중이 1위가 아닌 것으로 확인할 수 있다. 그만큼 펀드 이름에 걸맞은 운용을 하고 있다고 보이며, 수익률 또한 비슷한 투자 전략을 가지고 있는 펀드 대비 좋은 성과를 보이고 있다.

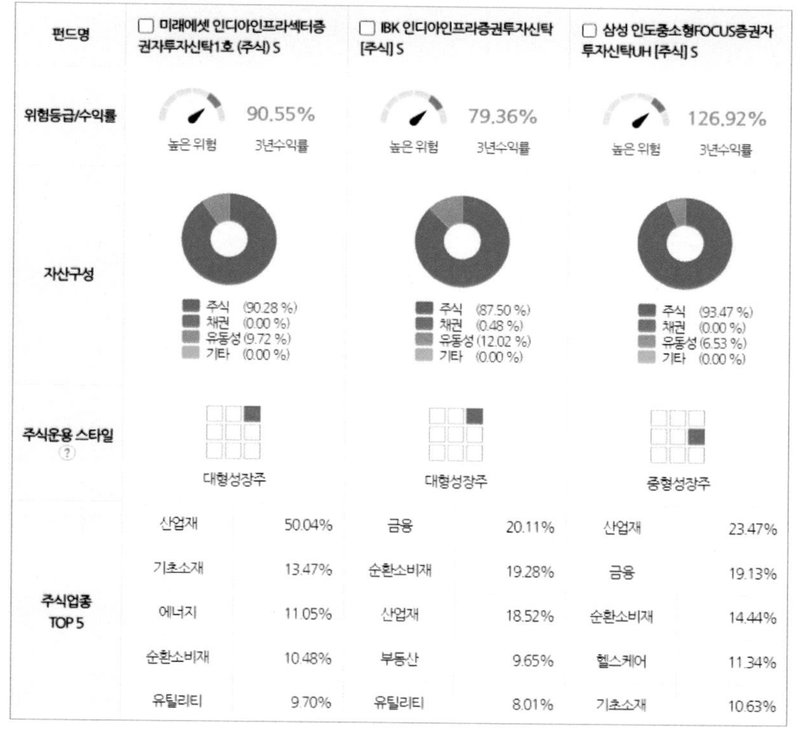

펀드명	미래에셋 인디아인프라섹터증권자투자신탁1호 (주식) S		IBK 인디아인프라증권투자신탁 [주식] S		삼성 인도중소형FOCUS증권자투자신탁UH [주식] S	
위험등급/수익률	높은 위험	90.55% 3년수익률	높은 위험	79.36% 3년수익률	높은 위험	126.92% 3년수익률
자산구성	주식 (90.28 %) 채권 (0.00 %) 유동성 (9.72 %) 기타 (0.00 %)		주식 (87.50 %) 채권 (0.48 %) 유동성 (12.02 %) 기타 (0.00 %)		주식 (93.47 %) 채권 (0.00 %) 유동성 (6.53 %) 기타 (0.00 %)	
주식운용 스타일	대형성장주		대형성장주		중형성장주	
주식업종 TOP 5	산업재	50.04%	금융	20.11%	산업재	23.47%
	기초소재	13.47%	순환소비재	19.28%	금융	19.13%
	에너지	11.05%	산업재	18.52%	순환소비재	14.44%
	순환소비재	10.48%	부동산	9.65%	헬스케어	11.34%
	유틸리티	9.70%	유틸리티	8.01%	기초소재	10.63%

그림 7 출처: 펀드슈퍼마켓

특히, '미래에셋인프라' 펀드는 산업재섹터 비중이 50%를 넘기 때문에 인도 정부의 인프라 정책 등이 발표되면 관심을 기울일 필요가 있다.

국내 상장된 인도 ETF는 레버리지 포함 총 5개로, 모두 니프티50(Nifty50)을 기본 투자 지수로 담고 있다. 해당 지수는 인도 NSE 거래소에 상장된 우량주 50개의 종목으로 구성되며, 규모가 크고 유동성이 풍부한 기업들로 인도 주식 시장을 대표하는 지수다.

대만의 새 총통과 TSMC, 반도체 투자 전략

대만의 지난 총통 선거에서 민진당의 라이칭더가 당선되면서 지정학적 리스크와 함께 반도체 투자에도 변화의 바람이 불 것으로 예상된다. 선거 전 중국의 강력한 군사 활동과 함께 대만 현지에서는 양안 전쟁을 두려워하는 민심이 가득 담긴 기사가 나오기도 했고, 민진당과 국민당 두 후보 간의 지지율 차이도 얼마 나지 않아 정권이 교체될 수 있을 것이라는 추측도 들렸다. 두 후보 중 누가 되든 미-중 간, 양안 간의 큰 변화가 예상된 만큼 전 세계의 이목이 집중되었다. 결과론적으로 민진당의 라이칭더가 당선되면서 지정학적 리스크가 고조될 것으로 봤지만, 선거 결과를 놓고 보면 중국 입장에서 당장 큰 행동을 취하지는 않을 것으로 보인다.

현재 총통인 차이잉원은 2020년 당시 57.1%라는, 과반수가 넘는 득표율을 받았으나 이번 라이칭더 후보는 40%에 불과하다. 더욱이 동시에 치러진 입법의회 선거 결과 의석수에서 국민당이 민진당을 이기면서 여소야대로 전환되었고, 이는 향후 라이칭더가 새로운 국정 운영을 하는 데 부담으로 작용할 것이다. 당초 친미·독립 성향이 강하다고 알려진 만큼 양안 갈등이 고조될 가능성이 있었지만 선거 결과가 압도적이지 못했고, 11월 미국 대선도 있는 만큼 중국도 현상 유지를 할 가능성이 높다.

반대로 반도체와 관련해서는 변화의 물결이 일어날 전망이다. 라이칭더는 당선 직후 '반도체 산업을 더욱 발전시킬 것'이라는 의사를 밝혔다. 그의 공약 중 경제 정책을 들여다보면 '디지털 전환과 저탄소 전환, 스마트 과학 기술 중심지 건설'을 약속했다. 반도체 산업은 그중에서도 중심점에 있다. 특히 미국과의 반도체 동맹을 강화하여 글로벌 시장에서 TSMC의 영향력을 더 키울 가능성이 높아질 전망이다. 그림 1)과 같이 TSMC는 현재 전 세계 반도체 칩의 63%를 공급하며, 첨단 반도체의 경우 73%를 공급하는 1위 파운드리 회사다(동시에 대만 내 전쟁을 억제하는 가장 큰 동기부여가 되는 기업이기도 하다. 라이칭더가 친미 성향이 강한 만큼 향후 양안 갈등과 전쟁 우려 시 TSMC라는 카드를 활용할 수 있다).

3Q23 Ranking of Global Top 10 Foundries by Revenue (Unit: Million USD)

Ranking	Company	Revenue			Market Share	
		3Q23	2Q23	QoQ	3Q23	2Q23
1	TSMC	17,249	15,656	10.2%	57.9%	56.4%
2	Samsung	3,690	3,234	14.1%	12.4%	11.7%
3	GlobalFoundries	1,852	1,845	0.4%	6.2%	6.7%
4	UMC	1,801	1,833	-1.7%	6.0%	6.6%
5	SMIC	1,620	1,560	3.8%	5.4%	5.6%
6	HuaHong Group	766	845	-9.3%	2.6%	3.0%
7	Tower	358	357	0.3%	1.2%	1.3%
8	VIS	333	321	3.8%	1.1%	1.2%
9	IFS	311	232	34.1%	1.0%	0.8%
10	PSMC	305	330	-7.5%	1.0%	1.2%
	Total of Top 10	28,286	26,213	7.9%	95%	94%

그림 1 2023년 3분기 파운드리 매출액 상위 10개 기업 - 출처: 트렌드포스

삼성전자도 파운드리 사업에 향후 비전을 제시한 만큼 TSMC와의 경쟁은 불가피하지만, 시장 점유율에 있어 큰 차이를 보인다. 엔비디아, AMD 등 미국의 주요 팹리스 회사와 TSMC와의 관계가 끈끈한 것도 점유율 격차 축소에 상당한 시간이 걸릴 것이다. 특히 미국의 빅테크 회사들이 경쟁적으로 AI에 투자하면서 초미세 공정의 비메모리 반도체 수요는 앞으로도 크게 확대될 전망이다.

이런 시대 흐름에 맞춰 대만도 반도체 산업 강화를 위해 2023년 11월 '반도체 칩 주도의 대만 산업 혁신 방안'을 통과시켰다. 이를 통해 대만의 IC 설계 글로벌 점유율을 20%대에서 40%대로 끌어올리고, 첨단 제조 공정 점유율도 80%까지 높이기로 하면서 향후 10년 동안 약 12조 7,000억 원을 투입할 예정이다.

글로벌 반도체 펀드, ETF 3종 분석

펀드슈퍼마켓에서 해외주식형 펀드로 구분을 하고 '반도체'로 검색하면 3개의 반도체 펀드를 찾을 수 있다.

유리 필라델피아 반도체 인덱스		삼성 글로벌 반도체		한국투자 글로벌AI&반도체 TOP10	
종목	비중	종목	비중	종목	비중
Intel Corp	7.44	Broadcom Inc	8.66	NVIDIA Corp	7.97
AMD Inc	7.29	NVIDIA Corp	8.16	Microsoft Corp	7.72
Broadcom Inc	6.63	Intel Corp	8.13	Apple Inc	7.54

NVIDIA Corp	6.57	ASML Holding NV	7.06	Broadcom Inc	7.36
Texas Instruments Inc	5.35	AMD Inc	6.51	Amazon.com Inc	7.17
TSMC	3.81	TSMC	6.42	TSMC	7.05
Micron Technology Inc	3.65	삼성전자	4.76	ASML Holding NV	6.8
Qualcomm Inc	3.48	Applied Materials Inc	4.63	Alphabet Inc Class A	6.51
Applied Materials Inc	3.3	삼성전자f202311(10)	4.11	Tesla Inc	5.77
Analog Devices Inc	3.29	Texas Instruments Inc	3.54	삼성전자	5.68

표 1 출처: 펀드슈퍼마켓(기준 2023. 11. 1.)

'유리 필라델피아 반도체 인덱스' 펀드는 설정 규모가 가장 큰 반도체 펀드로, 미국의 대표 반도체 ETF인 SOX ETF를 추종하는 펀드다. 반도체 설계부터 생산, 장비 업체까지 반도체 각 분야의 대표 기업들에 투자된다. '삼성 글로벌 반도체' 펀드 또한 유리 필라델피아와 비슷한 투자 대상을 보이고 있으나, 삼성전자의 비중이 높은 것을 확인할 수 있다. '한국투자 글로벌AI&반도체TOP10' 펀드의 경우 반도체의 대표 회사뿐만 아니라 마이크로소프트, 애플, 아마존, 알파벳(구글), 테슬라 등 미국의 빅테크 기업 5개도 함께 포진되어 있어 다른 2개의 반도체 펀드와는 좀 더 구분이 되고 있다.

공교롭게도 3개 펀드의 종목 순위 6번째로 모두 대만의 TSMC가 포진되어 있다. 비중이 좀 더 높은 것은 '한국투자 글로벌AI&반도체TOP10' 펀드이고, '삼성 글로벌 반도체' 펀드가 뒤를 잇고 있다. 가장 설정 규모가 큰 '유리 필라델피아 반도체' 펀드의 TSMC 비중은 다른 두 개의 펀드에 비해 낮은 것도 확인할 수 있다.

최근 글로벌 반도체 기업들의 상승세와 더불어 미국의 주식 시장을 이끈 빅테크 주식들의 호조세를 감안하면 3개의 펀드 모두 최근 3개월 수익률은 비슷하게 좋은 편이다. 다만 TSMC의 비중을 감안하면 TSMC에 좀 더 투자 비중을 생각하는 투자자에게는 3개의 펀드 모두 아쉬울 수 있다.

	TIGER TSMC밸류체인 FACTSET	KODEX 한국대만IT프리미어	ACE 글로벌반도체TOP4 Plus SOLACTIVE
순자산총액	162억	749억	1,652억
평균거래량	1.47만 주	2.31만 주	19.33만 주
3개월 성과	30.38%	12.08%	30.42%
구성 종목 수	21	54	11
상위 5 비중	60.83%	58.66%	84.10%
TSMC 비중	23.87%	22.59%	21.37%

표 2 출처: 각 자산운용사(기준 2. 19.)

국내 상장된 ETF 중 TSMC에 비중을 두고 투자할 수 있는 ETF는 3개 정도로 압축된다. 먼저 'TIGER TSMC밸류체인 FACTSET'는 구성 종목이 21개이지만 상위 10개에 투자되는 비중이 약 87% 수준이며, TSMC뿐만 아니라 관련된 글로벌 반도체 장비 업체에 주로 투자된다. 'KODEX 한국대만IT프리미어'는 다른 2개의 ETF와 다르게 반도체뿐만 아니라 대만과 한국의 IT 기업에도 투자되는 특징을 보인다. 국내에는 네이버, 삼성SDI, 카카오에 투자되며 대만에는 혼하이정밀(전자기기 수탁제조기업),

콴콰컴퓨터(컴퓨터 OEM업체)에 투자된다. 마지막 'ACE 글로벌반도체TOP4 Plus SOLACTIVE'는 압축형 ETF로 구성 종목 수가 11개에 불과하다. 상위 4개인 엔비디아, ASML, TSMC, 삼성전자 비중이 80%로 흔히 알고 있는 글로벌 반도체 기업 대장주에 투자하고 있는 것을 볼 수 있다. 3개의 ETF 모두 TSMC 비중이 비슷하므로, 각 ETF별로 차별되는 특징을 잡고 투자하는 것을 추천한다.

다시 보자, 일본 주식 (1)

기지개를 켜는 일본 기업들

일본 주식 시장이 '잃어버린 30년'을 되찾고 있는 중이다. 2월 8일 종가 기준 36,863.28을 기록하면서 1990년대 버블 붕괴 이후 최고점을 기록했다. 국내 증시가 박스권에서 횡보하고 있는 것을 보면 큰 대조점을 보이고 있다.

엔저 효과, 이제 효과 보나?

일본의 기준 금리는 2024년 2월 기준 -0.1%이다. 주요 선진국이 2023년 높은 인플레이션의 압박으로 인해 기준 금리를 크게 올리면서 긴축 정책을 펼칠 때에도 일본 중앙은행은 동결을 고수하며 엔화 유동성을 상대적으로 불어나게 만들었다. 이로 인해 미-일 간 금리 차이가 크게 벌어지면서, 엔화 가치는 큰 하락을 맞이했다. 엔-원 환율 또한 900원 밑으로 깨지면서 일본 내 여행객이 크게 늘어나는 데 일조한 것도 엔저의 효과였다. 저렴해진 엔화 덕분에 외국인 투자자들은 일본 주식을 더 싸게 매입할 수 있게 되었고, 일본의 수출 기업들은 가격 경쟁력을 확보하게 되었다. 특히 미국의 경기가 잘 버티면서 중국 경기 둔화를 상쇄하였고, AI 열풍으로 인해 일본의 반도체 장비, 소재 기업들의 실적이 개선되면서 전반적인 증시 상승을 이끌게 되었다.

이는 일본의 대표적인 경제지표 중 하나인 단칸(Dankan)지수에서도 확인할 수 있다. 일본 기업 경영자들이 향후 경기에 대해 어떻게 전망하는지 지수화한 자료로, 0을 기준으로 플러스이면 경기 전망을 낙관적으로 예상하는 기업이 많다는 의미고 반대로 마이너스이면 비관적으로 예상하는 기업이 많다는 뜻이다.

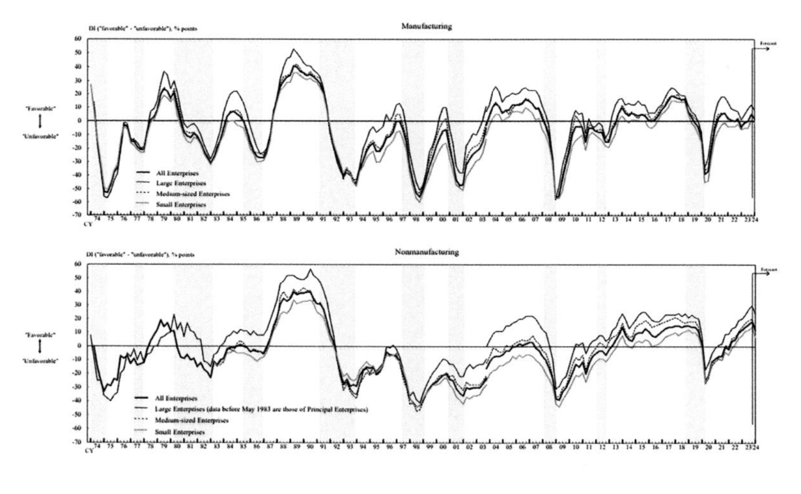

그림 1 단칸 지수, Business Conditions(경기 상황) - 출처: boj

그림 1)과 같이 제조업, 비제조업 모두 플러스 영역에 머물면서 좋은 모습을 보여주고 있다. 특히 비제조업 부문은 코로나19 이

후 수요 회복과 관광 호조로 1991년 11월 이후 최고치를 경신하고 있다.

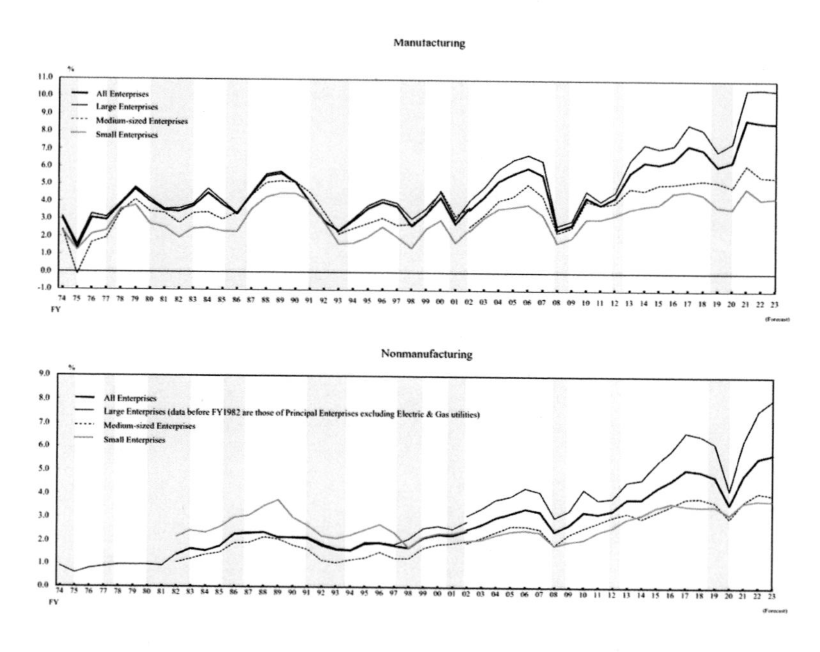

그림 2 단칸 지수, Ratio of Current Profit to Sales(당기순이익의 매출액 대비 비율) - 출처: boj

그림 2)에서 매출액 대비 당기순이익을 확인하면 대기업과 중소기업의 온도 차이가 꽤 나는 것도 확인할 수 있다. 엔저에 따른 효과는 수출 비중이 큰 대기업이 파이를 많이 가져가기 때문에, 일본 주식 투자 시 포트폴리오 스타일을 확인하는 것도 필요하다.

10년 걸린 기업 거버넌스 개혁

Exhibit 3: TOPIX cumulative buyback value and plans (FYTD)

Record-high buyback number and value since 2009

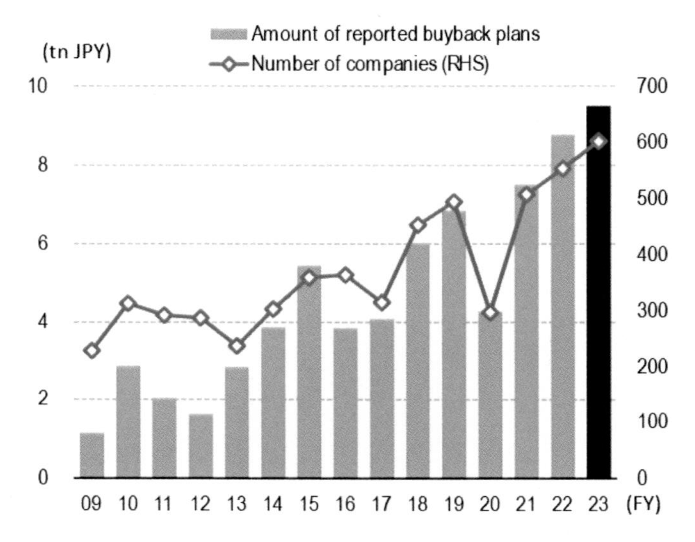

Source: QUICK, BofA Global Research

Note: we aggregate share buybacks from Apr 1 to Feb 14 for each fiscal year.

그림 3 일본 주식 시장의 자사주 매입 금액과 기업 수 그리고 향후 계획
- 출처: BofA Global Research

엔저뿐만 아니라 주식 시장 매력도를 끌어올린 일본 정부의 노력이 이제야 빛을 보고 있다. 2014년부터 시작한 스튜어드십 코드와, 2015년부터 시행된 기업지배구조 코드가 바로 그것이다. 버블 경제 붕괴 이후 일본의 기업들은 소극적인 투자와 더불어 자본 축적에 목매는 모습을 보이면서, 투자자로 하여금 주식 시장을 외면하게 만들곤 했다. 이를 타파하고자 일본 정부는 주주환원 정

책을 위한 압박을 진행했고, 이에 따라 기업들은 그림 3)과 같이 배당 증가와 더불어 자사주를 매입하기 시작했다. 또한 주가순자산비율(PBR) 1배 미만 상장사에겐 주가 부양안을 마련하도록 요구하며, 자본 수익성과 성장성 제고를 위한 개선 방침 그리고 구체적인 이행 목표를 공개하도록 했다. 일본판 밸류업 프로그램인 셈이다.

이런 변화로 인해 제로 금리임에도 저축만 했던 일본인 투자자들이 증시로 돌아오기 시작했고, 외국인 투자자들까지 유입되면서 증시의 활황세를 이끌게 되었다. 특히 작년부터 외국인의 일본 주식 투자 금액 증가세가 계속 이어지고 있는 것도 눈에 띈다.

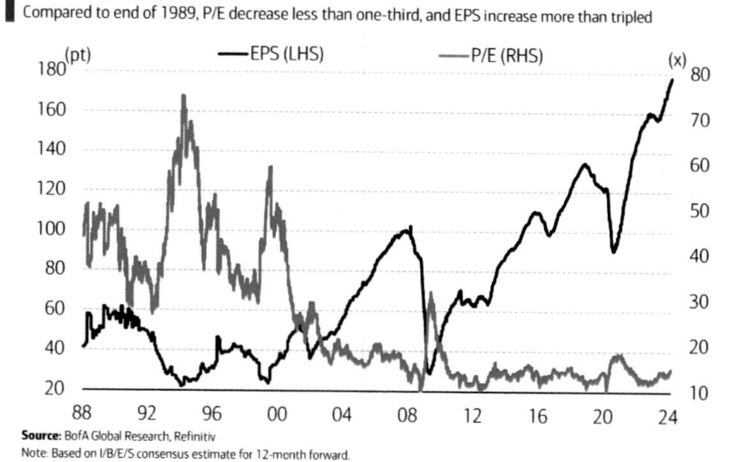

그림 4 일본 주식 시장의 밸류에이션(P/E)은 1/3으로 줄어들면서, 기업 이익(EPS)은 3배 이상 증가했다 - 출처: **BofA Global Research**

그림 4)와 같이 엔저 지속에 따른 실적 개선과 그에 따른 배당 확대 기대감, 주식 투자 유치를 위한 정부의 노력까지 더해져 일본 증시는 부활을 꾀하고 있다. 2월 8일 기준 미국의 S&P 500의 PBR은 4.7배, 일본의 Nikkei225는 아직 1.43배에 불과하다. 더불어 시대적인 배경도 일본 투자에 이목을 끌게 한다. 미국과 중국 간의 패권 전쟁에서 가장 중요한 열쇠는 결국 첨단 산업일 것이다. 반도체, AI 등 다가오는 4차 산업에서 일본은 미국에 안보뿐만 아니라 기술 국가로서 중요한 역할을 수행하게 될 것이다. 2023년 소니의 영업이익이 삼성전자를 추월했다. 24년 만의 일이다. 소니의 부활은 우연이 아니다. 일본의 기업들이 다시금 기지개를 켜고 있다.

다시 보자, 일본 주식 (2)

일본 주식 투자 전략

니케이 지수의 좋은 흐름과 상반되게 일본 경제는 그리 좋지 못한 편이다. 최근 발표한 2023년 4분기 GDP에서 -0.1%(예상 0.2%)라는 성적표를 받아들면서 2분기 연속 마이너스 성장을 이어갔다. 가장 큰 원인은 민간 부문의 성장 동력인 대출, 투자, 소비가 아직 약하다는 점이다. 특히 일본 경제의 절반을 차지하는 민간 소비의 경우 4분기 데이터에서 -0.1%를(예상 0.3%) 기록하면서 진퇴양난의 상황이 만들어졌다.

예상대로라면 임금 상승이 발생하여 소비를 촉진시키고 이에 따른 인플레이션 경제를 만들면서 대규모 통화 완화 정책을 종료시키고자 했을 것이다. 2024년 2월 기준 엔-달러 환율도 150엔을 넘어서며 과도한 엔화 약세에 대한 경계감까지 더해진 상태다. 통화 정책 정상화에도 불구하고 경기 침체 구간에서 벗어나지 못하거나, 지속적인 우상향 경제를 보이지 못할 경우 또 한 번 디플레이션 경제로 빠질 수도 있다는 점이 일본 중앙은행의 고민인 것으로 보인다.

일본의 반도체 반격

1980년대 세계 시장을 장악했던 일본의 DRAM 생산업체는 한국에 밀려 대부분 사업에서 손을 뗀 상태이고, 최첨단 반도체의 경우 르세나스 일렉트로닉스에서 만드는 40나노 수준으로 이는 대만의 TSMC와 한국의 삼성전자에 비해 약 10년 정도 늦고 있다. 그래도 일본은 낸드플래시, 전력반도체, 마이크로컨트롤러(MCU), CMOS 이미지 센서와 같은 특정 반도체에서 세계적인 경쟁력을 유지하고 있는 상태다. 향후 AI와 5G 같은 4차 산업에서 최첨단 반도체 수요가 계속 커질 것으로 예상되는 상황에서 일본 정부는 자국의 약점을 인지하여 자국 내에 파운드리 기업을 유치하는 전략으로 방향을 설정한 상태다. 이에 따라 TSMC와 협력하여 일본 규슈 구마모토에 6나노 반도체를 생산할 수 있는 공장을 짓고 있다. 더불어 정부 주도로 일본의 8개 대기업[10]이 합작해 차세대 반도체 기업인 '라피더스(RAPIDUS)'를 설립했고, 여기에는 미국의 IBM이 라피더스와 2나노 반도체 생산을 위한 컨소시엄을 구축한 상태다.

미국은 첨단 반도체 시장에서 중국을 배제하고 한국, 대만, 일본을 포함한 CHIP4 동맹을 결성한 상태다. 덧붙여 파운드리 점유율 약 60%를 가지고 있는 TSMC가 대만에 있는 점도 미국으로선 지정학적 리스크인 셈이다. 초미세 공정 반도체 생산에서 인텔이 아직까지 TSMC와 삼성전자에 밀리는 점도 미국으로선 최첨단 반도체 수급의 안정성을 생각하게 했을 것이다. 특히 소재, 부품, 장비 등 '소부장'에 강한 일본에 본격적인 투자를 한다면 반

10 도요타, 덴소, 미쓰비시UFJ은행, 소니, 소프트뱅크, 키옥시아, NEC, NTT

도체 생산의 한 축을 충분히 담당하리라고 볼 수 있을 것이다. 이처럼 일본의 반도체 반격은 시대적으로도 맞아떨어지고 있다.

일본 주식형 펀드, ETF 분석

펀드슈퍼마켓 홈페이지 펀드 검색에서 '(일반펀드)해외주식-일본주식'으로 검색하면 16개의 펀드를 확인할 수 있다. 중형급인 '피델리티 재팬증권자투자신탁'을 제외하면 운용 규모 모두 초소형~소형으로 나타나고 있다. 또한 2개의 중소형 펀드를 제외하면 대부분 인덱스로 투자되고 있으며, 일부 펀드에서도 큰 차별점 없이 비슷한 성과를 보이고 있다.

펀드 선택을 고려한다면 '피델리티 재팬증권자투자신탁'이 총보수면에서 유리한 점이 있다. 다른 액티브 펀드가 0.9~1.3%를 보이는 반면 해당 펀드는 0.4% 수준으로 경쟁력을 확보하고 있다. 다만 포트폴리오 특성상 가치주 특색이 있고, 그래서 성장 산업으로 분류할 수 있는 정보기술 산업이 18% 정도에 머물고 있다는 점도 알아두어야 한다.

일본 ETF는 인덱스와 반도체로 구분된다. 특히 'ACE 일본반도체', 'ARIRANG 일본반도체소부장', 'TIGER 일본반도체FACTSET'가 눈에 띈다. 최근 일본 증시의 상승을 주도한 업종인 만큼 3개의 ETF 모두 3개월 성과가 뛰어나다.

	ACE 일본반도체	ARIRANG 일본반도체소부장	TIGER 일본반도체FACTSET
순자산총액	76억	198억	295억
평균거래량	1.31만 주	3.85만 주	9.25만 주
3개월 성과	27.89%	35.52%	38.63%
구성 종목 수	26	21	34
상위 5 비중	28.07%	75.38%	48.86%

표 1 일본 반도체 ETF 비교(기준 2. 19.) - 출처: 각 자산운용사

눈에 띄는 차이를 확인하면 'ACE 일본반도체' ETF의 경우 구성 종목의 투자 비중이 큰 차이를 보이지 않고 고루고루 투자되고 있는 것이 특징이며, 'ARIRANG 일본반도체소부장'은 구성 종목의 수도 21개로 적을뿐더러 도쿄일렉트론 23.03%, 신에츠화학 18.57%로 상위 2개의 종목 비중이 40%를 넘어가는 모습을 보인다. 특정 기업의 주가 변동성에 따라 수익성이 좌지우지될 수 있다는 점도 알아두어야 한다. 'TIGER 일본반도체FACTSET'의 경우 가장 많은 종목에 투자되며, 3개의 ETF 가운데 유동성도 가장 뛰어난 것을 확인할 수 있다. 상위 10개의 투자 비중이 80%에 가까워 나머지 24개의 기업의 투자 비중은 작으나, 상위 10개 기업도 어디 하나에 크게 치중되지 않고 투자되고 있어서 해당 ETF 투자를 좀 더 추천하는 편이다.

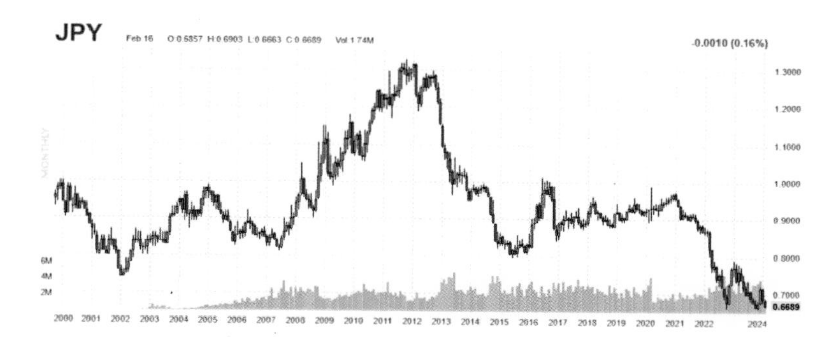

그림 1 엔화 가격 추이 - 출처: finviz

펀드, ETF 투자 시 가장 우선시되어야 할 점이 환헤지 여부다. 앞서 언급한 대로 현재 엔화 가치는 그림 1)처럼 20년 내 가장 낮은 수준이다. 일본 중앙은행도 경기 둔화에도 불구하고 금리 인상 카드를 고민하고 있는 상황이라 되도록 환노출된 상품에 투자하는 것을 추천한다.

Magnificent 7, 경제적 해자와 가까워지는 기업들

1950s	1960s	1970s	1980s
European Stocks	Nifty Fiity	Emerging markets / Commodities	Japanese Stocks
1990s	2000s	2010s	2020s
American Tech	Emerging markets / Commodities	FAANG	Magnificent 7

되돌아보면 투자 흐름은 10년마다 바뀌어왔다. 흐름의 원천은 급부상하거나, 타국 대비 강한 경제력을 가진 국가 안에서 시작된다. 석유의 가격 경쟁력을 가진 나라부터, 제조업으로 세상의 부를 가져갔던 일본과 중국이 그래왔다. 최근 들어 가장 큰 혁명이라 할 수 있는 것은 스마트폰의 등장으로 들 수 있다. 정보의 접근에 대한 자유가 생기면서 세상은 빠르게 첨단 산업 중심으로 재편되기 시작했고, 이에 올라탄 몇몇 기업들은 빠르게 세상을 잠식해갔다. 2010년~2020년까지는 FANNG으로 불리는 5개의 빅테크가 시장을 주도했고, 지금은 넷플릭스[11]가 빠지고 그 자리를 마이

11 스트리밍 세계 최대 기업인 넷플릭스는 높은 진입장벽과 확고한 경쟁 우위를 차지하지 못

크로소프트와 엔비디아 그리고 테슬라가 차지하고 있다. 공통점은 모두 미국 기업들이라는 점이다. 미국이 앞으로도 단단하다는 것은 이들 기업을 보면 이해할 수 있고, 그래서 전 세계 투자자들은 미국을 중심으로 이들 기업에 투자하고 있다.

경제적 해자는 워렌 버핏이 1980년대 발표한 버크셔 해서웨이 연례 보고서에서 최초로 나온 투자 아이디어로, 산업에 대한 높은 진입 장벽과 구조적인 경쟁 우위를 말한다. 판단 기준으로는 브랜드나 특허 등을 포함한 무형자산, 이미 형성된 수요로 인해 만들어진 네트워크, 타 기업의 재화 및 서비스로 갈아타는데 드는 전환 비용, 경쟁사 대비 낮은 원가로 비용 절감의 우위를 갖춘 것을 들 수 있다.

한 채 경쟁 기업인 아마존, 디즈니 등 세계 여러 OTT 기업들에게 계속해서 도전을 받고 있는 중이다.

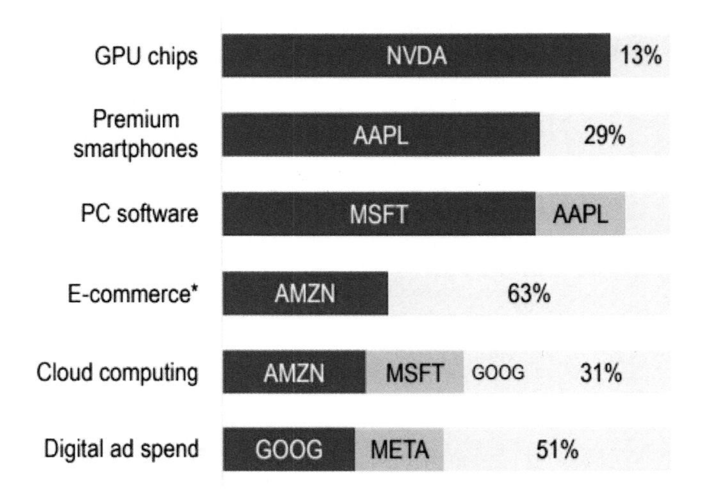

그림 1 미국 빅테크는 주요 기술 부문에 있어 글로벌 시장에서 상당한 지배력을 가지고 있음 - 출처: **Numera Analytics**

그림 1)에서 애플의 경우 브랜드 충성도가 가장 큰 기업으로 자사 IT 기기를 한데 묶어 폐쇄적인 시스템을 만들어 타 브랜드로 빠져나가지 못하게 하는 높은 전환 비용을 가지고 있고, 아마존의 경우 경쟁사 대비 낮은 원가로 높은 비용 절감 효과와 큰 R&D 지출로 꾸준히 사업 영역을 넓히고 있으며, 구글의 경우 절대적인

검색 엔진을 바탕으로 높은 진입 장벽을 구축한 상황에서 유튜브 광고와 클라우드 성장세가 돋보이며, 마이크로소프트의 경우 윈도우라는 독점적인 시스템을 바탕으로 PC, 노트북의 기기와 오피스 시장에서 압도적인 점유율을 보이고 있다. 페이스북, 인스타그램, 왓츠앱 등 SNS의 절대 강자 메타의 경우 틱톡이라는 대항마가 생겼지만 중국 공산당과 연관되어 미국 정부의 높은 제재를 받은 상태로 한숨을 돌렸고, 애플의 생태계에서 빠져나가기 위해 높은 R&D 지출을 바탕으로 메타버스·AI 시대의 주도권을 잡기 위해 고군분투 중이다. 엔비디아는 AI 투자의 가장 큰 수혜를 입고 있는 반도체 팹리스 기업으로 AMD, 인텔 등의 도전을 받고 있지만 오랫동안 사업 영역을 키워온 GPU를 바탕으로 기술력에서 우위에 서 있다. 마지막으로 테슬라의 경우 전기차 브랜드 영역에서 새로운 이름을 각인시키고 있지만, 최근 비용 절감의 강점을 앞세운 중국 로컬 전기차 업체들의 도전을 받고 있다. 향후 전기차 시장의 둔화에 대비하여 자동차 기능을 제어하는 미디어 컨트롤 유닛(MCU), 엔터테인먼트, 오토파일럿 등 소프트웨어와 같은 자동차 판매 외 수익에 대한 기대감이 요구되고 있다.

경제적 해자와 가까워지는 Magnificent 7은 미국의 대표 주식 시장인 S&P 500 시가총액의 약 30% 정도를 차지하고 있다. 몇몇 기업에 집중되었으며 매우 농도가 짙은 주가 상승으로 이들의 크기는 이미 중국 전체 주식 시장보다 크고, 일본 시장의 두 배, 영국 시장의 네 배를 넘고 있다. 소위 '버블'의 우려가 제기되고 있는 이유다.

Exhibit 28: Sales growth of Magnificent 7 vs. rest of S&P 500

Consensus sales growth CAGR: "Magnificent 7" vs. remainder of S&P 500

Source: FactSet, Goldman Sachs Global Investment Research

Exhibit 29: Margins of Magnificent 7 vs. rest of S&P 500

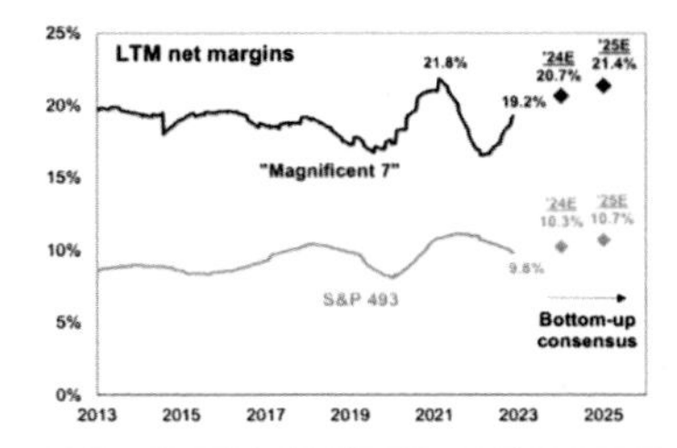

Source: FactSet, Goldman Sachs Global Investment Research

그림 2 **S&P** 500과 **Magnificent** 7의 매출과 이익 비교 - 출처: 골드만삭스

Exhibit 5: Consensus expects the 7 to grow sales at 4x the rate of S&P 493
as of February 1, 2024

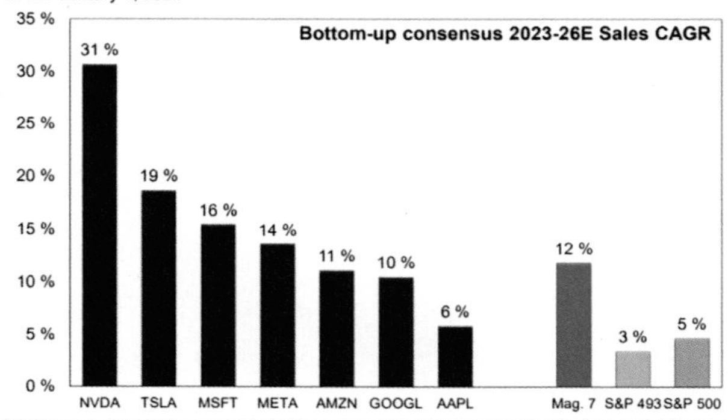

Source: Factset, Goldman Sachs Global Investment Research

그림 3 **Magnificent** 7과 **S&P** 500의 매출 성장 비교 - 출처: 골드만삭스

그러나 지금처럼 고금리 환경에서도 이들 기업이 그림 2)와 그림 3)처럼 상대적으로 높은 성과를 낼 수 있었던 것은 대차대조표가 튼튼하고마진이 높아졌기 때문이다. 이는 전 세계적으로 강력한 영향력을 행사하고 있으며, 기술 혁신을 주도하고 있는 기업들로 여겨지고 있기 때문이다. 특히 지금처럼 불확실성이 높고 예측할 수 없는 거시경제의 환경에서는 안전 마진으로 생각하며 돈

을 잘 버는 기업에 투자를 하는 쏠림 현상이 나타나곤 한다.

AI 열풍

스마트폰의 등장으로 이어진 IT 업계의 파괴적인 혁신은 이제 AI로 이어지고 있다. 2022년 하반기부터 S&P 500 기업들의 실적 발표에서 AI에 대한 언급이 크게 증가하기 시작하여 현재는 전체 기업의 약 36%에 달하고 있다. 그만큼 대부분 기업들의 초점이 AI로 집중되고 있는 것이다. 그중에서 Magnificent 7은 복잡한 인공지능 모델을 구축하고 혜택을 받는 데 필요한 상당한 자원을 보유하고 있다. 클라우드부터 대형 언어 모델(LLM)의 소유와 최종 사용자 애플리케이션 개발 등 밸류체인의 여러 단계에서 이미 동일한 기업들이 운영하고 있다는 뜻이다. 즉, AI의 투자 열풍은 더욱더 Magnificent 7으로 향할 것이다.

마이크로소프트는 독자적인 인공지능 도구와 하드웨어를 제공하면서, 'ChatGPT' 제조사인 OpenAI와의 협력을 통해 성장 발판을 마련하고 있는 중이다. 구글은 챗봇인 '바드'와 대형 언어 모델인 '제미니'의 출시를 포함한 AI 관련 발전에 열정을 쏟고 있다. 두 회사의 경쟁 구도로 향후 해당 모델들이 오류 없이 업데이트를 이뤄갈지 주목해야 한다. 아마존의 경우 자사의 가장 큰 자산인 클라우드 컴퓨팅 플랫폼인 AWS를 통해 '베드락(Bedlock)'을 제공하기 시작했다. 베드락은 생성 AI 애플리케이션을 구축하고 확장하는 것을 돕기 위한 개발자 툴링이다. AI 붐의 최고 수혜 기업이라고 볼 수 있는 엔비디아는 다른 기업들이 앞다퉈 AI 모델을 구축하고 학습시키는 데 반드시 필요한 칩에 있어서 독과점 위치에 올라선 기업이다. 중국에 대한 미국 정부의 AI 칩 수출 규제가 향후 엔비디아의 수익에 미칠 영향에 대한 우려가 있지만, 당장 예상치를 넘는 실적 발표에 힘입어 연달아 주가 경신을 하며 전체 시장을 이끌고 있는 중이다. 메타는 최근 대형 언어 모델 'LLaMA'를 소개하며, 알고리즘과 광고 시스템을 개선하기 위해 인공지능 기술을 사용하고 있는 중이다. 특히 엔비디아의 AI 칩인 H100을 35만 개 이상 구매한다고 시사하면서 공격적인 AI 투자를 선보이고 있다.

Magnificent 7 중 AI에 대한 집중도가 떨어지는 기업은 테슬라와 애플이다. 테슬라의 경우 지난해 7월 'X AI'를 출범시키면서 시장에 후발 주자로 들어섰고, 11월에는 챗봇인 'Grok'를 출시했지만 아직 다른 빅테크만큼 영향력을 보여주진 못하고 있다. 아무래도 일론 머스크의 입김이 강한 기업이라 그가 어디에 초점을 맞추고 사업을 영위해나갈지가 중요한 것으로 보인다. 테슬라의 FSD(자율 주행 기능) 서비스와 옵티머스(휴머노이드 로봇) 사업이 미래 비전으로 보이며, 인공지능은 X(트위터)의 데이터로 학습을 시키고 성능을 향상시켜 다른 사업과의 시너지 효과를 기대하는 것으로 보인다. 이 경우 금융과 광고 사업에서 부가적인 수익이 나타날 것으로 예상된다. 최근 출시한 삼성전자의 AI 휴대폰에는 구글의 AI 검색 기능이 추가되었다. AI에서 하드웨어와 소프트웨어 업체 간의 합종연횡이 활발해지는 가운데 폐쇄적인 생태계 시스템을 구축한 애플이 소외될 것이라는 예측이 커지고 있다. XR(확장 현실) 메타버스 기기를 내놓으며 다시 주목을 끌고 있지만, 아직까지 AI 열풍에 크게 동참하지 못하고 있는 편이다. 애플은 신규 사업에 먼저 진입하는 것보다는 확실시될 만한 사업임을 확인하고 후발 주자로 들어가서 두터운 브랜드 파워로 시장을 장악하는 특성을 가지고 있다. 신기하게도 해당 사업들은 결국 애플이 들어와야 만개를 하는 모습도 많이 보였다. 이런 면에서 애플이 AI 사업에 대해 아직도 잠잠한 데 대해 많은 투자자로 하여금 궁금증을 유발하게 하고 있는 중이다.

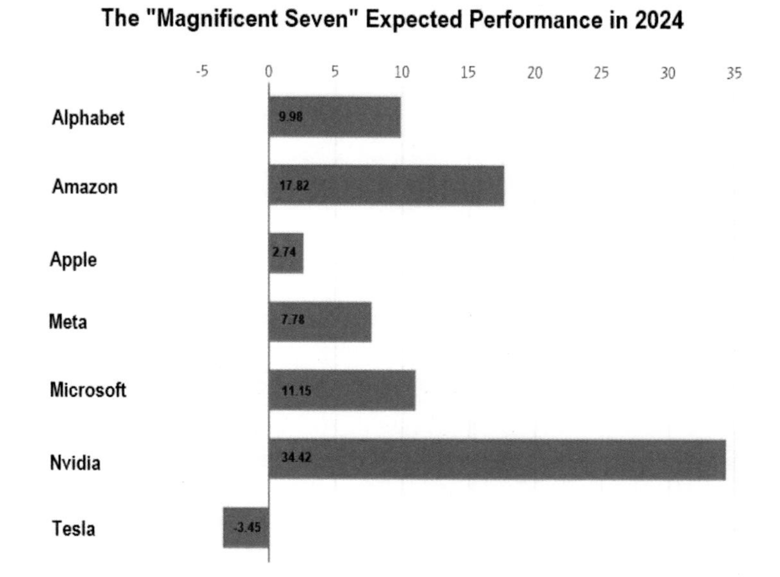

그림 4 Magnificent 7의 2024년 기대수익률 - 출처: WSJ

그림 4)와 같이 월스트리트 애널리스트들이 예측한 Magnificent 7의 기대수익률을 보면 테슬라와 애플의 상대적인 부진이 예상되고 있다. 테슬라 총매출의 80% 이상을 차지하는 전기차 판

매는 글로벌 전기차 시장의 둔화 속에 돌파구를 찾아야 하는 숙제를 안고 있으며, 고금리와 높은 비용의 시대에서 투자자들의 만족을 채울 수 있을지 의구심이 남아 있다. AI 열풍 속에 아직까지 큰 행보를 보이지 않는 애플은 기대를 모았던 아이폰 15 판매가 주춤하며, 새로운 돌파구가 필요해 보인다. 당장 올해 6월 개최하는 세계 개발자 회의(WWDC)에서 온디바이스 AI 기능이 탑재된 아이폰이 공개될 것으로 예상되며, 자사의 대형 언어 모델인 '에이잭스(Ajax)'를 바탕으로 챗봇 서비스를 구축하여 어떻게 이를 경량화해 아이폰에 구현할지 기대되고 있다. 이를 계기로 애플의 주가 움직임도 커질 것으로 보인다.

Magnificent 7, 펀드 및 ETF 분석

Magnificent 7에 집중하여 투자할 수 있는 펀드는 '나스닥' 지수를 꼽을 수 있다. 미국의 대표적인 나스닥 ETF인 'Invesco QQQ Trust'의 구성 비중을 보면, 7개 기업의 비중이 40.11%에 달하는 만큼 높은 비율을 나타내고 있다.

구성 종목	QQQ 비중	KB 스타 미국 나스닥 100 인덱스 비중
Microsoft Corporation	8.94%	6.07%
Apple Inc.	8.43%	6.39%
NVIDIA Corporation	5.17%	2.56%
Amazon.com, Inc.	5.16%	3.26%
Meta Platforms Inc Class A	4.79%	2.23%

Tesla, Inc.	2.62%	1.67%
Alphabet Inc. Class A	2.53%	1.73%
Alphabet Inc. Class C	2.47%	1.71%
Magnificent 7	40.11%	25.62%

표 1 **Magnificent** 7 비중 비교(기준 2. 25.) - **출처: ETF.com, 펀드슈퍼마켓**

반면 국내에서 가입할 수 있는 나스닥 펀드 중 운용 규모가 큰 'KB 스타 미국 나스닥 100'의 경우 표 1)과 같이 7개 기업의 비중이 약 25%에 달하면서, 미국의 QQQ ETF와 큰 차이를 보이고 있다. 그래서 Magnificent 7에 집중하여 투자한다면 국내 ETF에서 고려하는 것을 추천한다.

구성 종목	TIGER 미국테크TOP10 INDXX	ACE 미국빅테크TOP7 Plus
Microsoft Corporation	19.57%	15.42%
Apple Inc.	16.94%	14.35%
NVIDIA Corporation	13.24%	18.10%
Amazon.com, Inc.	12.63%	16.08%
Meta Platforms Inc Class A	9.94%	12.35%
Tesla, Inc.	4.45%	8.12%
Google	14.77%	14.69%
Magnificent 7	91.54%	99.11%

표 2 2개의 **ETF Magnificent** 7 비중 구성(기준 2. 25.) - **출처:** 각 자산운용사

표 2)에 나타난 두 개의 ETF에서는 Magnificent 7의 비중이 90%가 넘는 것을 확인할 수 있다. 종목별로 비중의 차이가 있을 뿐 7개의 기업에 거의 대부분을 투자한다고 보면 된다. 또한 인

버스, 레버리지의 ETF도 있어 단기 방향성에도 투자할 수 있고, 'TIGER 미국테크TOP10+10% 프리미엄' ETF의 경우 커버드콜 전략을 활용해 연간 10%대의 배당 수익을 목표로 한 월 배당 ETF이기에 상황에 맞게 투자 상품을 고를 수도 있다.

제 2 부

금융 상품

2024년,
짚고 넘어가야 할 금융 이슈

MZ 세대, 이 상품을 주목하라

누적 가입자 100만 명을 넘어선 '청년도약계좌'는 젊은 세대들의 새로운 재테크 트렌드로 자리를 잡아가고 있다. 기존에 있었던 청년희망저축과 연관되어 도약계좌까지 이어가는 부분에서 청년들에게 금융에 관한 새로운 활력소를 제시한 것으로 보인다. 물론 이런 혜택은 '모두'를 위한 부분은 아니다. 몇 가지 '조건'들이 필요하기에, 여기에서 소외되는 젊은 세대들은 실망감을 감추기 힘들 것이다. 그래서 그들을 위한 첫 번째로 MZ 세대들이 주목할 만한 금융 상품에 대해 시작해본다.

최근 금융권에서도 MZ 청년들을 위한 상생금융 상품을 속속 출시하고 있는데, 대표적으로 보험업계 1호로 출시된 '디딤돌저축보험'을 들 수 있다.

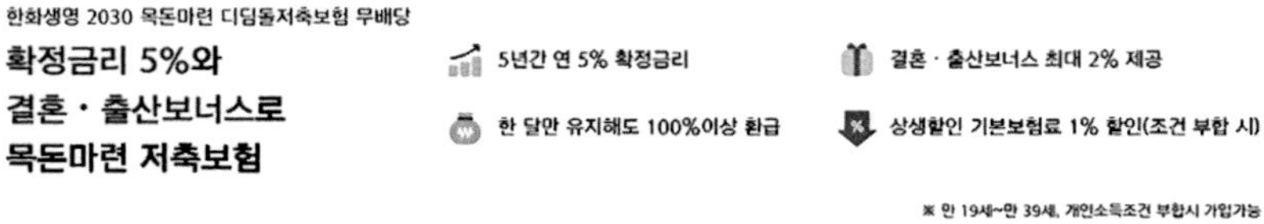

한화생명 2030 목돈마련 디딤돌저축보험 무배당

확정금리 5%와
결혼 · 출산보너스로
목돈마련 저축보험

5년간 연 5% 확정금리

결혼 · 출산보너스 최대 2% 제공

한 달만 유지해도 100%이상 환급

상생할인 기본보험료 1% 할인(조건 부합 시)

※ 만 19세~만 39세, 개인소득조건 부합시 가입가능

그림 1 디딤돌저축보험 상품설명 - 출처: 한화생명

그림 1)을 보면 해당 상품은 '5% 확정 금리'로 이목을 끌고 있다. 청년도약계좌의 경우 가입 시점 3년 후부터는 변동 금리로 전환되는데, 만약 지금보다 낮은 금리로 바뀔 경우 만기에 받을 수 있는 이자가 줄어들게 된다. 반면 5%의 확정 금리형 저축 상품은 원금에 따른 이자를 확정할 수 있어서 자금 계획을 세우기가 유리하며, 지금처럼 금리 인하 사이클을 앞둔 시점에서 유리한 저축 상품으로 부각될 수 있다. 또한 MZ 세대의 상황을 반영하여, 결혼을 하거나 출산을 할 경우 최대 2%의 보너스를 제공하는데 이는 청년들에게 5년이라는 긴 시간 동안 유지할 수 있는 좋은 유인책으로도 보인다.

이러한 움직임으로 한화생명뿐만 아니라 자립 청년들을 위해 상품을 출시한 교보생명이나, MZ 청년들의 연금에 주목한 신한라이프 등 보험사의 참여가 많아지고 있다. 다만 보험사의 상품은 2회 연체 시 실효가 되는 특징을 가지고 있기에, 월 현금 흐름에서 장기간 저축할 수 있는 저축 금액을 정한 뒤 상품에 가입할 필요가 있다.

대표 상품은 디딤돌저축보험이다.

디폴트 옵션, 묵히면 독이 될 수 있다

디폴트 옵션이란(사전지정운용제도) 퇴직연금 가입자에게 제시된 운용 방법 중 하나를 택하도록 한 후 만기가 도래한 시점에서 일정 기간 동안 가입자의 운용 지시가 없을 경우 사전에 정한 방법으로 퇴직연금을 운용하는 제도다. 저조한 수익률을 기록하고 있는 퇴직연금제도를 손봐서 수익을 개선하여 좀 더 나은 노후 준비를 하도록 만든 제도다. 물론 아직도 퇴직연금 상품의 과반수가 예금 등의 원리금 보장형 상품으로 구성되어 있다. 그러나 글로벌 주식 시장의 호조세에 힘입어 투자의 관심이 크게 높아졌고, 이를 바탕으로 금융회사에서도 다양한 퇴직연금용 투자 상품들을 내놓아 투자자들의 이목을 끌고 있다.

만약 좋은 투자 상품을 골라 디폴트 옵션을 통해 오랫동안 묵혀둔다면 먼 미래에 커다란 연금으로 돌아올 것이란 상상을 할 것이다. 물론 상황만 맞는다면 불가능한 일은 아니다. 다만 경제도 순환하는 사이클이 있듯이, 국가별·산업별로도 큰 흐름이 존재한다. 이런 흐름에 올라탄 투자 금액들은 놀라운 수익률로 과실을 맺을 수 있지만, 반대로 하향하는 사이클로 뒤바뀐다면 투자 시장에서 철저히 외면받으며 고통스러운 상처로 돌아올 수 있다. 최근 투자 시장에서는 이러한 '쏠림 현상'이 두드러지게 나타나는 특징을 보이고 있기 때문에 꾸준한 관리가 요구되고 있다.

물론 회사 생활로 바쁜 직장인들에게 퇴직연금까지 관심 가지고 들여다보라고 하는 것은 어쩌면 '무리한 부탁'일 수 있다. 때문에 퇴직연금 투자 상품에 가입할 때 '처음부터 잘 선택'하는 것이 좋을 것이다. 우선, 특정한 산업에 집중해서 투자되는 상품군은 지양하자. 계속해서 잘나가는 산업은 존재하지 않는다. 예를 들어 최근 테크 산업에서의 흐름도 2~3년 동안 '메타버스-전기차-AI'로 빠르게 이동했듯이, 한 산업에 '올인' 하여 투자되는 상품의 경우 흐름이 바뀔 때마다 큰 손실로 귀결될 가능성이 있다. 때문에 테크 산업 '전체'에 투자되는 상품을 골라 사이클에 따른 변동성을 줄여보는 것도 좋은 방법이다. 흐름이 바뀐다고 하더라도 펀드 매니저가 알아서 종목 조정을 할 것이고, 수익률 관리에 힘을 쏟기 때문에 투자자가 크게 신경 쓸 필요는 없다. 두 번째로, '리밸런싱'되는 투자 상품을 고르자. 장기 투자가 가능한 퇴직연금의 공간 속에서 오랫동안 특정 국가나 산업이 상승하다 보면 어느 순간 관련된 쪽으로 비중이 커지는 것을 목격할 수 있다. 이 경우 포트폴리오의 변동성이 높아질 수 있기에 수익률 관리에 애를 먹을 수 있다. 최소한 분기·반기별 리밸런싱이 자동적으로 이뤄지는 투자 상품을 고르도록 하자. 서로 사이좋게 파이를 주고받으면서 일정 비율대로 유지가 되므로 포트폴리오의 변동성을 낮출 수 있을 것이다.

대표 펀드로는 '피델리티글로벌테크(테크 산업 전체 투자)', '피델리티글로벌BIG4(미국·유럽·일본·아시아 지역을 분기별 리밸런싱을 통해 25%의 비중으로 조정)'가 있다.

국내외 우량한 회사채가 뜬다

최근 채권 시장의 투자 심리가 엇갈리고 있다. 부동산 프로젝트

파이낸싱(PF) 여파와 태영건설 워크아웃 사태 등으로 건설사 회사채는 아무리 신용등급이 높아도 눈길 한번 주지 않는 매서운 혹한기를 보내고 있지만, 신용등급이 높은 우량한 채권들은 모집 금액의 최대 열 배에 달하는 자금을 끌어모으면서 줄줄이 흥행에 성공하는 따뜻한 봄날을 겪고 있다.

미국의 경기 지표 호조세로 인해 조기 금리 인하에 대한 기대감이 점점 후퇴하고 있으며, 금리 인하 강도도 약화되고 있다. 더불어 물가의 상방 위험은 조금씩 완화되는 모습을 보이고, 미국 대선을 앞두고 후보들 간의 공약으로 인한 재정 정책이 풀리면서 채권 시장에 훈풍이 불어오고 있다. 현재 높은 기준 금리 수준과, 약하지만 연내 금리 인하 가능성이 100% 확실시되고 있는 가운데 강한 긴축 정책의 종료로 기업들의 숨통이 트여 신용도가 높은 우량한 회사채가 2024년도 안전 자산 포트폴리오의 탑 픽(Top Pick)으로 올라오고 있다. 더불어 은행 예금 금리가 3%대로 하락한 시점에서 그림 2)와 같이 A등급 회사채의 경우 4~5% 금리 수준을 나타내고 있어 금리 메리트도 큰 편이다.

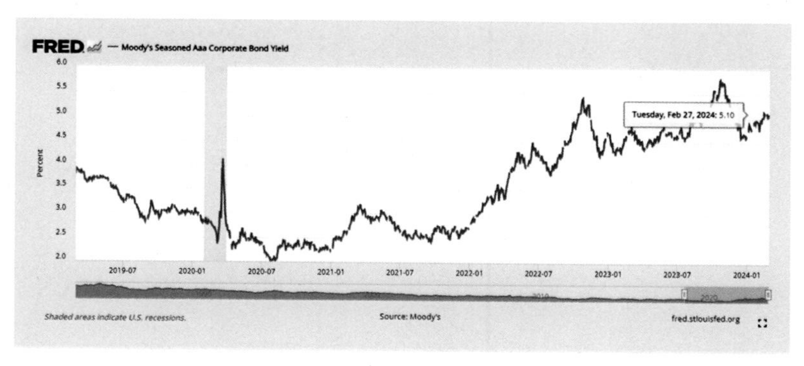

그림 2 AAA 등급의 회사채 수익률이 5%를 넘어서고 있다(기준 2. 27.) - 출처: FRED

기업 입장에서는 코로나19 당시 금리 수준과 비교하면 비싸지만, 정점이었던 2023년 10월 말에 비하면 확실한 하락 추세에 있는 것으로 판단하고 있고, 채권 투자자 입장에서는 금리가 내려가기 전 조금이라도 높은 금리에 투자 자금을 묶어둘 수 있는 요인이기에 서로 간의 니즈가 잘 맞아떨어진 결과물이 도출된 시장이라고 보인다.

대표 ETF로는 'TIGER 미국투자등급회사채액티브(H)', 'KODEX ESG종합채권(A-이상)액티브', 'TIGER 투자등급 회사채액티브'가 있다.

금융 상품 가입, 이것만은 고려하라

금융 상품 수익률에 큰 영향을 미치는 것 중 하나가 바로 '수수료'다. 과거 누적된 수익률에 혹해서, 혹은 금융 회사 직원들의 좋은 말로 포장한 추천 등으로 인해 크게 신경 쓰지 못하는 것 중 하나다. 특히 수수료의 차이는 투자 상품군이 고위험군으로 갈수록 높아지는 경향을 보이며, 투자 기간이 길어질수록 수수료에 의한 수익률 차이가 커지는 특징을 가지고 있다. 특히 우리나라는 비슷한 금융 상품의 종류가 너무도 많기 때문에 꼭 비교를 통해서 수수료 차이를 살펴보고, 가입을 한다면 지점 방문보다는 온라인을 통해 가입하는 것이 수수료를 줄일 수 있는 방법이다.

두 번째는 '재무 설계'를 통한 인생 맞춤형 금융 상품을 선택하는 것이다. 잘 맞지 않는 금융 상품에 내 인생을 욱여넣기보다는, 계획된 재무 목표에 맞는 금융 상품을 배치하는 것이 현명할 것이다. 돈을 벌고, 저축을 통해 모으고, 모은 돈을 가지고 필요한 곳에 쓰는, 어쩌면 단순한 루틴이 자세히 들여다보면 개개인마다 너무도 다른 모습을 가지고 있다. 수많은 사람들의 인생살이가 다

다르듯이, 그 삶을 살아가는 데 활용해야 할 금융도 천차만별이기에 자신에게 맞는 상품을 잘 선택하는 것이 꼭 필요하다.

세 번째는 '다양한 투자 방법'을 활용하여 금융 상품을 선택하는 것이다. 목적 자금 형성까지 긴 시간이 남았고, 매월 돈을 불입할 수 있다면 유망한 산업이나 국가를 선택하여 '적립식'으로 투자하는 방법이 있다. 이때는 주식형 펀드, ETF 등 고위험군 투자 상품을 고르는 것이 적절할 것이다. 매월 꾸준히 투자 자금이 들어가기에 주식과 같이 큰 변동성이 있는 상품군의 위험을 시간에 따라 낮춰주는 역할을 수행할 수 있다. 목돈이 있고 이를 좀 더 굴리고 싶은 경우에도 상황에 따라 달라질 수 있다. 1~2년 뒤 쓸 돈이라면 수익률에 대한 욕심을 지양하고 원금보장이 되는 예적금이나 ELB 등을 활용하는 것이 좋고, 4~5년 정도라면 수익률 추구를 위한 투자 상품을 선택하되 목돈을 한 번에 투자하지 말고 1/3 혹은 1/4 정도로 나눠서 경기 사이클에 따라 분할로 투자하는 것이 좋다. 이때에는 원금비보장형 지수형ELS, 펀드, ETF 등을 대표적으로 활용할 수 있으며 ELS의 경우 추가 납입이 불가능하기에 매주 나오는 ELS를 체크하면서 분기, 혹은 반기마다 하나씩 분할로 들어가는 것을 추천한다.

유연하게 활용할 수 있는 예·적금

보통 예·적금은 안전 자산으로 1년 정도의 만기를 지닌 단기 금융 상품의 특징을 가지고 있다. 재테크를 잘 모르는 사람들 또한 예·적금을 활용하여 자산을 축적하고 굴리기도 하지만, 과거와 달리 금리 수준이 크게 내려옴에 따라 예·적금만으로 재테크를 하기에는 부족한 것도 사실이다. 다만 예·적금도 자산에 있어 중요한 부분으로 활용될 수 있기에 상황에 따라 유연하게 활용하는 것을 추천한다.

투자 성향

투자 성향에 따라 예·적금의 활용도는 달라진다. 공격적인 투자자의 경우 증시가 좋지 않거나, 조정 상황에서 숨 고르기를 할 경우 예·적금을 활용하면서 투자 타이밍을 찾는 경우가 있다. 특히 금리 상승기와 맞물려 증시가 조정을 보일 경우 은행으로 수신 자금들이 많이 들어오게 되고, 반대로 금리가 크게 하락한 이후 증시 반등의 기미가 보일 경우 수신 자금들이 많이 빠져나가는 경우를 목격하게 된다. 이런 자금들의 이동을 유심히 살펴보면 주식시장의 투자 타이밍도 잡을 수 있을 것이다. 반대로 은퇴자 혹은 노령자의 경우는 재무적으로 투자의 수익보다 손실로 인한 영향이 크기에 보통은 예·적금을 활용하는 경우가 바람직하다. 이 경우 안정적인 자금 운용이 중요하며, 투자의 비중은 물가 상승률을 고려하여 10~30% 정도에서 조정하면 좋을 것이다.

또한, 근로 활동을 하는 젊은 세대들 중 안정적인 투자 성향을 가지고 있거나 투자를 잘 몰라 안정적인 금융 상품만 활용하는 경우도 많다. 이 경우 예·적금만 활용하여 자산을 운용하면 물가 상승률로 인한 화폐의 가치 하락이 시간에 따라 누적되므로, 자산을 효율적으로 키워가기에 한계가 있다. 꾸준한 재테크 공부를 통해 50% 이상으로 투자 비중을 늘리는 것을 추천한다.

투자 기간

투자 기간에 따라 예·적금의 활용도도 달라진다. 예를 들어 10년 뒤 내 집 마련을 위해 지금부터 저축을 한다고 가정해보자. 만약 집값 상승률이 예·적금 금리보다 높게 형성된다면 재무 목표 달성에 차질이 빚어질 수 있다. 이 경우 장기간 성장 가능한 산업 혹은 국가에 투자하면서 기대수익률을 제고하는 것이 필요하다. 이후 꾸준히 투자하다가 내 집 마련이 필요한 시점이 2~3년 정도쯤 남았다면 투자금을 수익 실현하면서 예·적금으로 돌리는 것이 중요하다. 힘들게 모은 공든 탑이 갑자기 찾아온 경제 위기로 무너질 가능성도 고려해야 하기 때문이다. 반대로 2~3년 뒤에 자녀 학자금 자금 마련이라면 당연히 수익률보단 원금의 안정성이 가장 중요할 것이다. 이 경우에는 묻지도 따지지도 말고 예·적금 등 원금이 보장되는 금융 상품을 활용하는 것이 필요하다.

어떻게 투자하나

시중의 금리는 결국 중앙은행의 금리 정책에 따라 움직인다. 우리나라의 경우는 한국은행이 주최하는 금융통화위원회에서 결정된다. 다만, 환율 변동성과 외국인 자본 이탈의 문제 등으로 보통 국내 기준 금리는 그림 1)과 같이 미국의 기준 금리에 따라 움직이는 경향이 있다. 따라서 미국 기준 금리의 추이를 보며, 국내 금리 시장도 예상하여 대응해야 한다.

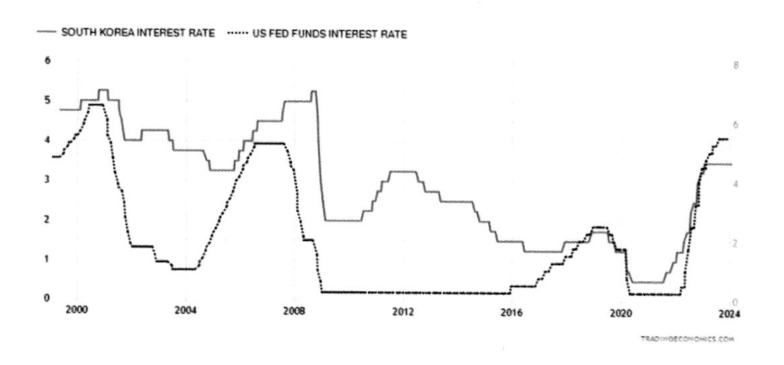

그림 1 한국과 미국의 기준 금리 추이 - 출처: 트레이딩이코노믹스

또한, 기준 금리의 방향성에도 일정한 규칙이 있음을 알 수 있다. 중앙은행은 일정한 기간을 가지고 정책을 펼치기 때문에 금리의 방향성이 한번 바뀌면 꽤 오랫동안 움직이는 경향을 보인다. 때문에 금리의 상승기인지, 하락기인지를 확인하면서 예·적금 비중을 조절하는 것이 필요하다.

2024년 미국의 기준 금리는 시장의 기대감보다 덜 내릴 것으로 예상하고 있지만, 연말에는 지금보다 낮아질 것으로 보인다. 이렇게 금리 인하기가 도래한다면 미리 예·적금의 만기를 길게 잡고 가져가는 것이 이율 면에서 좋은 방법이다.

경제 환경을 확인해보았다면 이제부터는 높은 예·적금 금리를 확인해야 한다. 예·적금 금리는 한국은행의 기준 금리에 더해 은행의 자금 보유 현황 및 마케팅 전략 등에 따라 결정되므로 은행별, 지점별로 금리가 다양하다. 금리 비교 후에 가입하는 것을 추천한다. 예·적금 금리를 비교하는 곳은 네이버 금융 상품이나 은행연합회 등 여러 곳이 있는데, 네이버를 예로 들어 살펴본다.

네이버에서 '예금 적금'을 검색하면 그림 2)처럼 전체 은행의 예·적금 금리를 한눈에 확인할 수 있다.

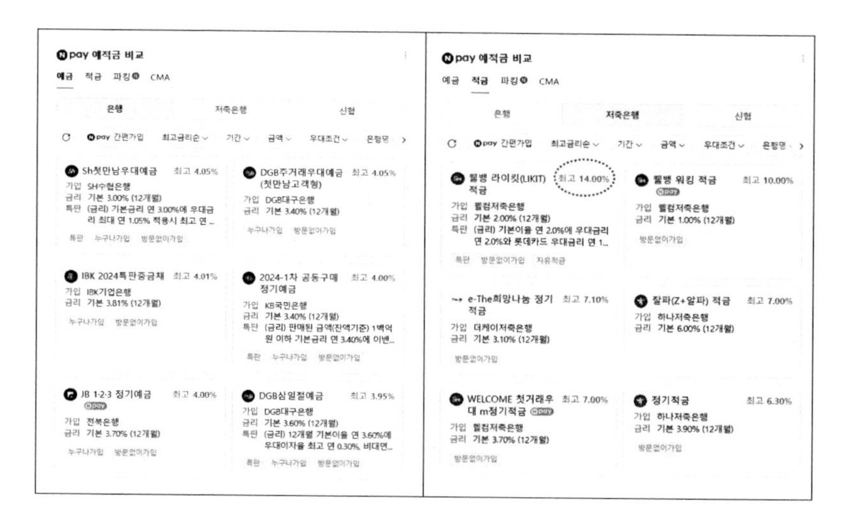

그림 2 금융기관별 예·적금 이율 비교 - 출처: 네이버

투자 기간, 금액, 우대조건, 온라인 가입 등 다양하게 검색해서 가장 높은 금리를 확인할 수 있다. 이러한 금리들을 확인해보고 주거래 은행이나, 타 은행의 특판 금리를 비교한다면 좀 더 유리한 상품에 가입할 수 있을 것이다.

하지만 유의해야 할 부분도 있다. 앞의 그림 2)에서 특판 상품 금리가 최고 14%임을 확인할 수 있다. 금리만 보면 무조건 가입해야 하는 상품임이 틀림없다. 하지만 그림 3)과 같이 세부 내역을 확인해보면 상황이 달라진다.

금리 안내

기간별 금리

기간	금리
12개월	연 2.0%

조건별 **우대금리**

1 롯데카드 결제계좌를 웰컴저축은행 본인 명의 입출금통장으로 지정하고 롯데카드 결제대금 자동납부 실적이 3개월 이상 있는 경우 : 2%

롯데카드 우대금리

2 LOCA LIKIT 카드 누적 이용실적 50만원 이상
* 일시불 및 할부이용금액에 한함 (쿠폰/포인트 사용을 제외한 실제 카드이용금액 기준)
* 이용실적 제외 항목 : 가족카드 결제, 단/장기카드대출, 각종 수수료 및 이자, 연체료, 연회비, 실적인정기간 내 승인전표 미매입, 결제 취소, 상품권 및 기프트카드 구매, 선불카드 충전 및 구매, 모바일 상품권(카카오페이, 스타벅스, 배달앱 등) 결제건 : 7%

3 LOCA LIKIT 카드 자동이체 납부실적 3개월 이상
* 자동이체 인정대상 : 이동통신3사(알뜰폰 제외), 전기요금(한전), 4대 사회보험, 도시가스, 아파트관리비, 미디어스트리밍(넷플릭스, 유튜브프리미엄, 디즈니플러스, 티빙) 거래에 한함 : 3%

유형 **고정금리**

그림 3 금융기관별 예·적금 상세 안내 - 출처: 네이버

보다시피 기본 금리는 2%로 낮은 편이다. 여기에 조건에 따라 우대 금리를 받게 된다. 롯데카드를 50만 원 이상 사용해야 7%를 받을 수 있고, 자동이체까지 등록해야 3%를 추가로 받을 수 있다. 월 30만 원 14%를 받기 위해서 위 조건들을 충족할 수 있는지 꼭 확인하는 것이 필요하다.

예·적금 담보대출 활용

만기가 1달~2달 정도 남았는데 급하게 자금이 필요하여 예·적금을 해지하는 일이 자주 일어나곤 한다. 이 경우 납입한 원금은 보

장이 되나 약정 이율이 아닌 저금리의 중도해지 이율이 적용되어 지급받을 수 있는 이자가 큰 폭으로 줄어들게 된다.

예치 기간 1개월 미만	적용 이율 0.1
1개월 이상 ~ 3개월 미만	기본이율 × 50% × 경과월수/계약월수 (단, 최저금리 0.1)
3개월 이상 ~ 6개월 미만	기본이율 × 50% × 경과월수/계약월수 (단, 최저금리 0.1)
6개월 이상 ~ 8개월 미만	기본이율 × 60% × 경과월수/계약월수 (단, 최저금리 0.1)
8개월 이상 ~ 10개월 미만	기본이율 × 70% × 경과월수/계약월수 (단, 최저금리 0.1)
10개월 이상 ~ 11개월 미만	기본이율 × 80% × 경과월수/계약월수 (단, 최저금리 0.1)
11개월 이상	기본이율 × 90% × 경과월수/계약월수 (단, 최저금리 0.1)

표 1 조회일 기준, 세금 공제 전, 단위: 연%

이럴 때 예·적금 담보대출을 활용하면 된다. 약정된 이율에 1.5% 정도가 추가된 이율을 적용받게 되나, 짧게 빌리는 경우 기간 이율을 고려하면 예·적금으로 받는 이자보다 낮은 대출 이자 금액이 유리할 수 있다.

틈새시장을 노리는 단기상품

단기금융 상품의 경우 얼마 뒤에 사용할 소비성 자금이나 혹시 모를 일에 대비하여 월수입의 2~3개월 치를 모아두는 비상예비 자금, 그리고 투자 타이밍을 위해 잠시 동안 묶어둘 자금 등으로 다양하게 활용된다. 이 경우 대부분이 은행의 수시 입출금 통장을 두고 사용하는데, 보통 0.1%라는 낮은 금리로 수익을 기대하기 어렵다. 특히 최근 금리 상승으로 인해 이전에 없었던 금리 수준이 형성되었지만, 수시 입출금 통장의 현저히 낮은 금리로 인해 대안 상품을 찾는 수요가 늘어나고 있다. 이러한 틈새시장을 선점하기 위해서 최근 금융회사들이 높은 금리와 다양한 혜택을 제공하는 단기상품을 출시하고 있고, 이러한 트렌드는 2024년에도 이어질 것으로 예상된다.

비상예비 자금으로 활용하기 적합한 파킹통장

파킹통장의 특징은 자유로운 입출금이 가능하면서도 평균 3%대 금리를 받을 수 있고, 예금자보호가 된다는 점을 꼽을 수 있다. 안정성과 유동성을 고루 갖추고 있어 소비용 통장이나 비상예비 자금용 통장으로 사용하기에 적합하다. 파킹통장 활용 시 확인할 사항은 가입 대상과 가입 금액, 그리고 조건에 따른 금리 수준이다. 예를 들어, 'OK짠테크통장'의 경우 OK저축은행 통장을 처음 개설할 시 50만 원 한도로 7%의 높은 금리를 받을 수 있다. 또한 50만 원 초과 시에도 최저 3.5%를 주는데 이는 타사 대비 높은 편에 속해서 단기자금 활용에 유용해 보인다.

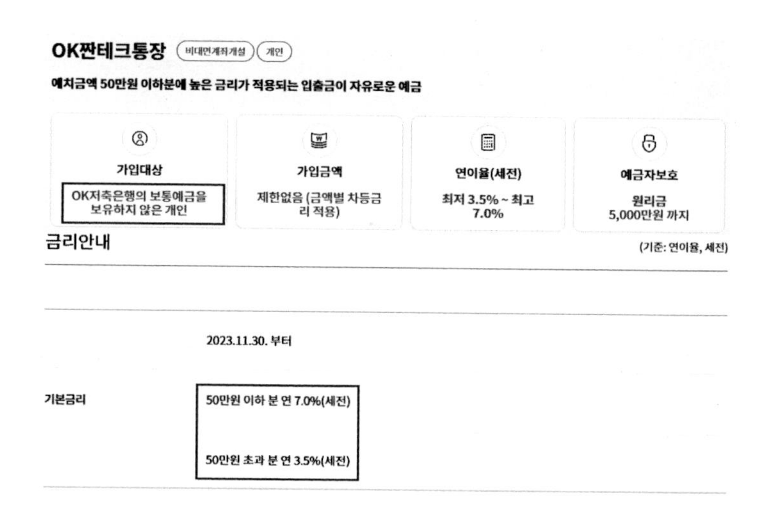

그림 4 OK짠테크 통장 상품설명 - 출처: OK저축은행

투자성 대기 자금 활용에 적합한 CMA

증권회사에서 개설 가능한 CMA는 파킹통장과 비슷한 특징을 가지고 있으며, 주식과 ETF 등을 매매할 수 있어 투자 대기성 자금으로 많이 활용된다. CMA 활용 시 확인할 사항은 표 2)와 같은 상품 유형과 수익률, 그리고 부가혜택들이다. 예를 들어 '미래에셋증권 CMA-RP 네이버통장'은 1,000만 원 한도로 3.55%라는 높은 금리를 가지고 있고, 미국 주식 온라인 매매수수료가 없다는 장점을 가지고 있다. 또한 온·오프라인 결제 시 포인트 적립도 가능해 투자성 대기 자금 및 비상예비 자금 용도로도 적합하다.

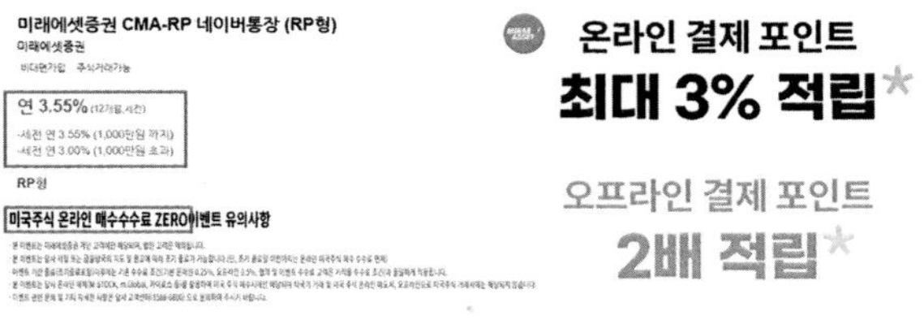
미래에셋증권 CMA-RP 네이버통장 (RP형)
미래에셋증권
비대면가입 주식거래가능
연 3.55% (12개월,세전)
-세전 연 3.55% (1,000만원 까지)
-세전 연 3.00% (1,000만원 초과)
RP형
미국주식 온라인 매수수수료 ZERO이벤트 유의사항
온라인 결제 포인트
최대 3% 적립
오프라인 결제 포인트
2배 적립

그림 2 미래에셋증권 CMA-RP 네이버통장(RP형) 설명 - 출처: 미래에셋증권

	예금자 보호	약정 수익	특징
종합금융회사CMA	예금자 보호	변동 금리	• 우리종합금융이 현재 유일한 종합금융회사임
CMA-RP형	예금자 비보호	변동 금리	• 일정 기간 후에 재매수 조건으로 약정수익률을 지급하는 상품
CMA-발행어음형	예금자 비보호	변동 금리	• 담보 없이 자체 신용도로 발행한 어음 상품 • 자기자본 4조 원 이상인 증권사만 가능
CMA-MMF형	예금자 비보호	실적 배당	• 운용 성과에 따라 손익이 발생함 • 금리 인하기에는 RP보다 높은 수익 기대
CMA-MMW형	예금자 비보호	실적 배당	• 신용등급 AAA 이상의 한국증권금융 등에 투자 • 매일 실적에 따라 지급하는 상품으로 일 복리로 예치 기간에 따라 수익이 높아짐 • 시장 금리에 연동하기 때문에 금리 상승기에 유리

표 2 CMA 상품 유형

2024년,
알찬 신용카드 사용 백서

물건을 구매할 때 현금보다는 신용카드를 흔히 사용한다. 신용카드는 다양한 장점을 가지고 있다. 현금을 들고 다니지 않고도 대부분의 상점과 온라인에서 구매가 가능하고, 캐시백이나 포인트 또는 마일리지와 같이 추가적인 혜택을 볼 수 있다. 신용카드를 정기적으로 사용하고 적시에 지불하면 신용 점수를 쌓는 데 도움이 된다. 예상치 못한 지출이 생겼을 때도 할부를 이용해 소비의 안정성을 높일 수 있다.

다만 교통, 통신, 항공 마일리지 등 다양한 혜택을 받기 위해서 여러 개의 카드를 들고 다녀야 하기 때문에 지갑이 두꺼워지는 불편함이 있다. 그래서일까, 최근 스마트폰의 페이 사용도 점점 증가하는 추세다. 삼성페이, 카카오페이, 애플페이가 대표적이다. 또한 사용에 따라 연말정산 시 소득공제도 가능하다.

정 부 안	수 정 안
□ 신용카드등 사용금액 소득공제	□ 2024년 신용카드등사용금액 증가분에 대해 추가 공제 신설
○ (공제대상) 총급여의 25% 초과 사용금액	○ (좌 동)
○ (공제율) 결제수단·대상별 차등	○ 2024년 신용카드등사용금액 증가분에 대해 10% 소득공제

정부안 – 공제율

구 분	공제율
❶ 신용카드	15%
❷ 현금영수증·체크카드	30%
❸ 도서·공연·미술관·박물관·영화관람료 등* ('23.4.1.~12.31. 사용분)	30% (40%)
❹ 전통시장 ('23.4.1.~12.31. 사용분)	40% (50%)
❺ 대중교통 ('23.1.1.~12.31. 사용분)	40% (80%)

* 총급여 7천만원 이하자만 적용

수정안 – 공제율

구 분	공제율
❶ 신용카드	15%
❷ 현금영수증·체크카드	30%
❸ 도서·공연·미술관·박물관·영화관람료 등* ('23.4.1.~12.31. 사용분)	30% (40%)
❹ 전통시장 ('23.4.1.~12.31. 사용분)	40% (50%)
❺ 대중교통 ('23.1.1.~12.31. 사용분)	40% (80%)
❻ '24년 신용카드등사용금액 증가분**	10%

** '23년 신용카드등사용금액의 105%를 초과하는 사용금액

○ (공제한도)

정부안 – 공제한도

공제한도 \ 총급여		7천만원 이하	7천만원 초과
기본공제 한도		300만원	250만원
추가 공제 한도	전통시장	300만원	200만원
	대중교통		
	도서공연등		-

수정안 – 공제한도

공제한도 \ 총급여		7천만원 이하	7천만원 초과
기본공제 한도		300만원	250만원
추가 공제 한도	전통시장	300만원	200만원
	대중교통		
	도서공연등		-
	'24년 증가분	100만원	

정 부 안	수 정 안
○ (적용기한) '25.12.31.	○ (좌 동)

그림 1 신용카드 공제 수정안 - 출처: 기획재정부

그림 1)과 같이 신용카드는 15% 소득공제가 가능하다. 현금영수증이나 체크카드는 신용카드보다 15% 더 많은 공제를 받을 수 있어 신용카드 사용을 고민하는 경우가 있다. 하지만 총급여의

25%를 초과하여야만 소득공제가 가능하기 때문에 초과하기 전까지는 체크카드보다 혜택이 다양한 신용카드를 사용하는 것이 현명한 소비가 될 것이다. 예를 들면 연봉이 4,000만 원일 경우 총급여의 25%인 1,000만 원까지는 신용카드를 쓰고, 그 이후부터는 체크카드나 현금영수증을 쓰는 것이 효율적으로 소득공제를 받는 방법일 것이다.

또한 정부에서는 소비 진작을 위해 카드에 추가적인 세제혜택을 제공한다. 2024년 세법 개정안을 보면, 2023년에 사용한 카드 사용 금액의 105%를 초과하는 경우 사용 금액의 10%(100만 원 한도)에 대해 추가로 소득공제를 받을 수 있게 되었다.

올바른 신용카드 사용 방법 3가지

첫째, 소비 습관을 파악해야 한다. 최근 1인 가구 증가와 함께 요리를 해 먹는 것보다는 식당이나 편의점에 가거나 배달을 시키는 일이 많아졌다. 또한 넷플릭스나 유튜브 등 디지털 구독이 일상화되었다. 예를 들어 KB의 'WE:SH 카드'를 사용한다면 음식점, 편의점의 경우 10%, 디지털 구독은 30% 할인을 받을 수 있다. 이처럼 카드마다 할인율과 조건들이 다양하기 때문에 소비 습관을 파악한다면 신용카드를 효율적으로 사용할 수 있을 것이다.

두 번째로, 카드 혜택과 할인한도 및 전월 실적 포함 유무 등을 확인해야 한다. 네이버에서 신용카드를 검색하면 카드사, 혜택, 연회비 등 다양하게 신용카드 혜택을 확인할 수 있다.

카페/베이커리

스타벅스/커피빈 등 결제일 10%할인

· 스타벅스, 커피빈, 카페베네, 엔젤리너스 매장 이용 시 10% 결제일 할인

· 백화점, 할인점, 면세점 등 일부 쇼핑몰 내 입점된 커피전문점은 적용되지 않을 수 있음

· 할인한도 : 일 1회, 건당 1만원, 월 5회 할인 적용

부가혜택 및 통합할인한도

[주요할인 서비스 통합한도]

- 대중교통(버스/지하철) 할인
- 택시 할인
- 3대 대형마트 할인
- 커피전문점 할인
- 편의점, 병원/약국 할인

전월 이용금액 30만원 이상~ 50만원 미만 : 월 1만원

전월 이용금액 50만원 이상~100만원 미만 : 월 2만원

전월 이용금액 100만원 이상~ : 월 3만원

그림 2 카페, 베이커리 할인율과 부가혜택 및 통합할인한도 - 출처: 네이버

그림 2)를 보면, 예를 들어 커피전문점을 자주 이용한다면 10%의 할인 혜택은 꽤 매력적일 수 있다. 한 달 동안 10만 원을 사용했다면 1만 원 할인이 가능할 것으로 생각할 수 있다. 하지만 조건을 보면 할인한도가 일 1회 건당 1만 원이고, 월 5회만 사용 가능하다. 월 최대 할인 금액은 5,000원인데 전월 실적이 30만 원 이상이 되어야 한다. 또한 부가혜택 및 통합할인한도를 보면 커피전문점, 대형할인마트, 대중교통 등이 통합할인이기 때문에 대중교통이나 편의점에서 먼저 사용했다면 원하는 할인 혜택을 이용하기 힘들 것이다. 이처럼 베이커리뿐만 아니라 주유, 쇼핑, 마트, 편의점, 여행 등 다양한 혜택을 받기 위해선 조건이나 전월 실적 등을 꼼꼼히 확인해야 한다.

세 번째로, 보유한 카드 대비 연회비를 확인하는 것이다. 혜택이 좋아도 할인받은 금액이 연회비보다 적다면 그만큼 손해를 보기 때문이다. 여신금융협회에 따르면 경제활동인구 1인당 신용카드 보유량은 4.4장으로 나타났는데, 이 경우 카드마다 맞춰야 할 기본 실적과 1년마다 발생하는 연회비를 고려하면 자칫 올바른 카드 사용이 어려울 수 있을 것이다. 때문에 여러 개의 신용카드를 사용하는 것보다 꼭 필요한 카드 1~2장만 사용하는 것이 좋다.

마지막으로, 선결제를 활용하는 것이다. 보통 카드 결제일은 달의 마지막 날로 설정해서 급여를 받은 후 바로 결제를 하게 된다. 이럴 경우 카드 명세서에 찍힌 결제 금액은 한 달간 사용한 금액이 아니라 지난달 15일부터 이번 달 15일까지 사용한 금액을 달의 마지막 날 결제를 하는 것이다. 따라서 가계부를 작성한다 하더라도 소비 내역과 카드 결제 내역이 달라 한 달간의 사용 금액을 정확히 파악하기가 힘들 것이다. 또한 여러 개의 카드를 보유한 경우, 카드마다 결제일이 다르다면 더욱 복잡해진다. 이럴 때는 선결제를 사용하는 것을 추천한다. 선결제는 당일까지 사용한 금액을 선택해서 미리 상환하는 것인데, 현재 잔여 할부 금액까지 파악할 수 있어 전체적인 카드 사용 현황을 한눈에 확인할 수 있다. 선결제를 통해서 가계부와 결제 내역을 맞춘다면, 충동적이거나 불필요한 카드 사용을 자제할 수 있을 것이다.

미운 오리 새끼로 전락한 ELS

- 손실액 1조 훌쩍, 당국 홍콩 ELS 배상 기준 고심

— 머니투데이

- 5대 은행, 홍콩 ELS 팔아 수수료 1,866억 벌었다

— 이데일리

- 홍콩 증시 상승 제한적, 은행 ELS 올해 만기 13.4조 반토막 우려

— 내일신문

2024년 들어 금융 상품의 가장 큰 이슈를 뽑는다면 단연 ELS일 것이다. 홍콩 H 지수(HECEI)를 기초 자산으로 한 ELS는 1조 원이 넘는 손실이 발생했는데, 손실 규모는 향후 더 늘어날 것으로 예상되고 있다. 문제가 발생한 ELS는 2021년 전후에 판매된 상품이다. 당시 코로나19를 극복하기 위해 각국 중앙은행에서는 선제적 금리 인하와 함께 유동성을 공급하면서 경기 부양을 이끌었다. 시중에 풀린 돈들로 인해 자산 가격들이 상승하게 되면서, 금리가 낮은 예금이나 적금보다는 수익을 위한 투자 상품을 찾는 투

자자들이 많아졌다. 이러한 상황에서 중위험·중수익 상품인 ELS의 판매 역시 많아지게 된 것이다. 이후 미국의 테이퍼링(점진적 자산 매입 축소)의 이슈로 2022년도 주요 주가지수의 하락이 이어지면서 홍콩 H 지수의 하락도 이어졌고, 구조적인 문제의 영향으로 H 지수의 반등이 나타나지 않아 대규모 ELS 원금 손실로 이어지게 되었다.

지수형 ELS는 주요 국가의 대표 지수들을 기초 자산으로 하여 기간에 따라 수익률을 확정시킨 상품으로, 특정 수준 이하로 내려가지 않는다면 원리금을 지급하는 방식이다. 그래서 높은 확률로 원금 손실 없이 수익을 가져갈 수 있지만, 낮은 확률로 -100%에 달하는 손실을 입을 수도 있는 파생금융 상품이다. 따라서 상품 구조를 이해하고 기초 자산이 포함된 국가의 경제 상황들을 고려해서 투자를 해야 하는 상품이다.

스텝다운 형식의 구조를 이해해야

금융회사에서 판매하는 원금비보장형 ELS 중 대다수가 스텝다운형 ELS의 구조를 가지고 있다. 스텝다운형 ELS는 조기 상환 배리어가 단계적으로 낮아지는 형태로, 최대 투자 기간은 3년이지만 조건만 맞는다면 조기 상환으로 만기가 실현되는 상품이다. 예를 들어 만기 3년, 6개월 조기 상환 조건이라면 6개월, 12개월, … 36개월로 6개월마다 조기 상환 조건이 있어 원리금을 빠르게 실현시킬 기회가 있다. 보통 첫 번째 조기 상환 시기에 조건을 충족시키지 못할 경우 두 번째, 세 번째로 연장될수록 상환 조건이 완화되는 구조로 되어 있다.

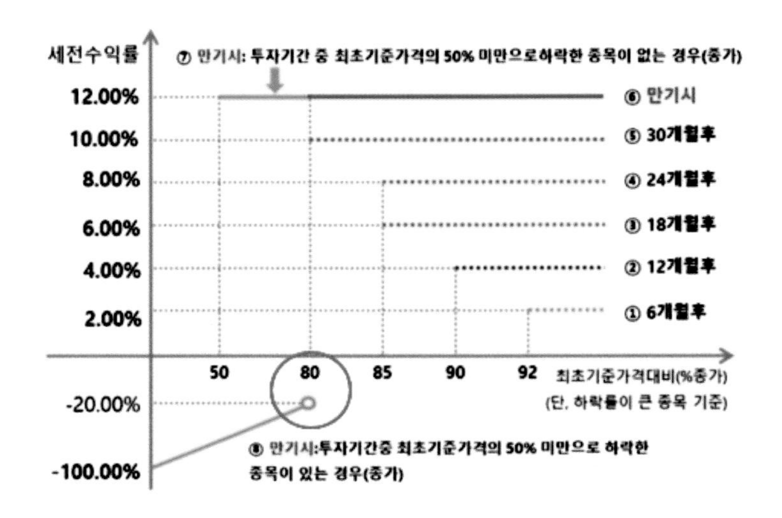

그림 1 ELS 상품 리플렛 - 출처: H 투자증권

예를 들어 그림 1)과 같이 6개월마다 조기 상환 조건이 '92-90-85-85-80-80'이라면 최초 투자 기준 가격 대비 해당 조건 미만으로만 하락하지 않으면 투자 기간 개월 수의 원리금을 지급받을 수 있다. 반대로 첫 번째 조기 상환 조건인 6개월 시점에서 기초 자산의 가격이 단 하나라도 92% 미만으로 하락하면, 조기 상환되지 않고 6개월 연장되어 최초 투자 기간 대비 1년 시점에서 재평가를 받게 되는 식이다.

그럼 원금 손실은 언제 시작되는 것인가? 이것을 나타내는 용어를 낙인(Knock-In)이라고 부른다. 낙인은 투자 기간 중 단 한 번이라도 기초 자산이 최초 투자 기준 가격 대비 특정 수준까지 하락할 경우, 원금 손실 구간에 진입한 것을 나타낸다. 낙인이 발생하더라도 만기 시점에 일정 수준까지 올라오면 원리금을 받을 수 있지만, 그렇지 못할 경우 만기 시점의 평가 가치만큼 손실을 입게 된다. 예를 들면 그림 1)에서 투자 기간 동안 기초 자산이 한 번이라도 50% 미만으로 하락하여 낙인이 발생할 경우, 만기까지 80% 이상 올라오지 못한다면 손실이 결정되게 된다. 만약 79%까지 올라오면 -21% 손실을, 40%까지 내려가면 -60%의 손실을 입게 되는 것이다. 이처럼 ELS의 상방은 수익이 제한되어 있지만, 하방으로는 원금 전체 손실을 입을 수 있는 구조로 되어 있어 투자에 유의가 필요한 상품이다.

언뜻 보면 굉장히 좋지 못한 투자 상품으로 보일 수 있지만, 예를 들어 원금 손실 구간이 50%라고 한다면 3년이라는 기간 동안 한 국가를 대표하는 주가지수가 반토막 이상 하락이 발생할 가능성이 높지 않기 때문에 확률적으로 안정적인 투자 상품으로 인식되곤 한다. 금융 위기와 같은 사건이 간혹 발생하긴 하지만, 각국은 위기를 타개하기 위한 완화적인 금융·재정 정책을 펼치면서 오히려 주식 시장은 유동성 장세가 나타나곤 한다. 2020년 초 코로나19로 전 세계 증시가 급락한 사건이 펼쳐졌지만, 적극적인 부양 정책으로 2020년도 선진국 증시는 약 22%, 신흥국 증시는 약 18%의 상승으로 마감한 것을 예로 들 수 있다. 위기가 오더라도 빠르게 치유하는 습관을 알아버린 국가들로 인해 투자 시장은 위기가 곧 기회임을 과거 사례를 통해 알려주고 있다.

홍콩 H 지수의 구조적인 문제

그럼 왜 홍콩 H 지수만 그렇지 못했냐는 것이다. 코로나19 이후로 반등을 보이며 신고가를 돌파하는 글로벌 주요 지수들과 달리 출구가 보이지 않은 채 하락을 이어가고 있어, 연계된 ELS의 손실이 계속 커지고 있는 중이라 우려가 커지고 있다. 원인을 찾자면 구조적인 이유들의 매듭이 풀리지 않고 얽혀 있어 답답함을 가중시키고 있다는 것이다.

신호탄은 알리바바의 CEO인 마윈으로부터 시작된다. 2020년 10월 공개 석상에서 마윈은 당국의 금융 규제를 강도 높게 비판하였다. 괘씸죄에 걸린 마윈은 그 이후 공개 석상에서 자취를 감췄고, 이후 중국 당국은 전방위적인 빅테크 길들이기에 나서면서 규제책을 발표하기 시작했다. 약 2년에 걸친 빅테크 때리기의 영향으로 중국의 5대 플랫폼 기업의 시가총액이 약 1,400조 원 정도 증발하였다. 미국의 플랫폼 기업이 연일 신고가를 갱신하는 행보를 보이고 있는 것과 대조적으로 아직도 중국 플랫폼 기업들의 주가는 과거 고점까지 멀어 보인다.

미-중 간의 갈등이 심화된 것도 악영향을 끼쳤다고 볼 수 있다. 글로벌 밸류체인에서 중국을 제외하려는 미국의 계획에 의해 그림 2)처럼 홍콩에 진입한 글로벌 기업들의 탈(脫) 중국이 시작되었고, 특히나 외국인 투자가 많이 이뤄졌던 홍콩에서 대규모의 자본 이탈과 더불어 홍콩을 향한 중국 당국의 정치적 탄압으로 인해 사업에 부정적인 영향을 인지한 기업들이 지속적으로 홍콩을 떠나고 있다.

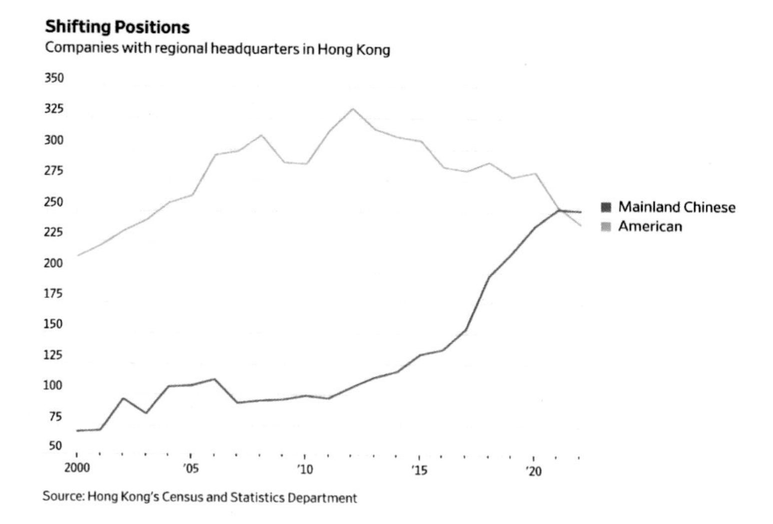

그림 2 홍콩의 미국 기업 수는 2004년 이후 최저치로 하락
- 출처: Hong Kong's Census and Statistics Department

중국 당국의 미온적인 경기 부양책도 한몫했다. 시진핑은 적극적인 부양책보다는 체제의 안정과 부실화된 산업의 구조조정 등을 우선시하면서 경제·사회 안정을 꾀하고 있어 투자자들의 유인책이 전무한 상태다. 물론 최근 증시 부양을 위한 적극적인 정책이 나오곤 있지만, 이마저도 본토 증시가 우선이라 홍콩 증시의 외면은 오랫동안 지속될 예정이다.

ELS 투자, 주가지수의 밸류에이션을 확인하여 투자하라

스텝다운형 ELS의 기초 자산은 주로 미국, 유럽, 일본, 중국, 한국의 대표 주가지수 중 보통 3개를 연결하여 구성한다. 추가 매입 혹은 분할 매도가 가능한 펀드 및 주식과 달리, ELS에 투자하면 만기 3년이란 기간 동안 구조화된 금융 상품에 갇혀 조건에 충족되었는지(조기 상환 달성) 혹은 충족되지 못했는지(조기 상환 미달성)만 바라봐야 한다. 때문에 처음 투자할 때부터 기초 지수의 밸류에이션이 적정한 수준인지 확인하고 투자할 필요가 있다.

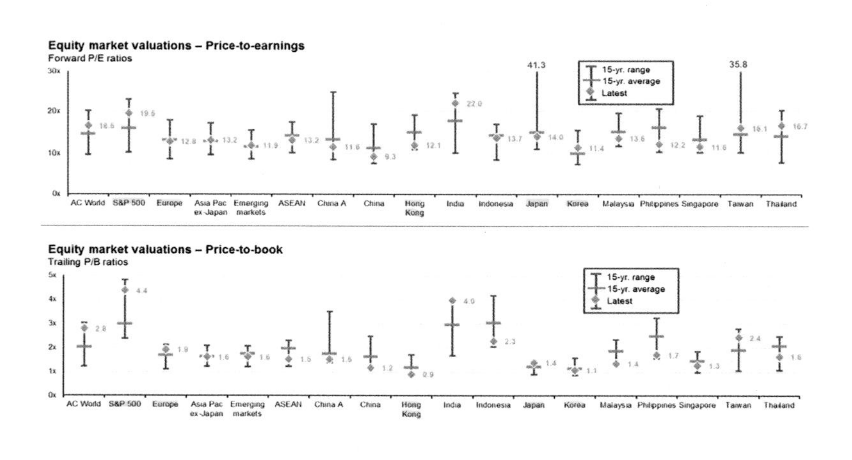

그림 3 주요 국가의 증시 밸류에이션 - 출처: JP Morgan

그림 3)과 같이 제이피모건에서 분기마다 제공하는 'Guide to the Markets'을 확인하면 주요국 주식 시장의 밸류에이션을 찾아볼 수 있다. 과거 15년 기간 동안 밸류에이션의 움직임과 평균값, 그리고 현재 값을 확인하면서 현재의 위치가 어디쯤에 있는지

파악하기에 용이하다. 2024년 1분기 기준 홍콩 주식 시장은 per 12배, pbr 0.9로 상당히 저평가되어 있다. 유일하게 pbr 기준으로 1배가 안 되는 증시이기도 하다. 이 뜻은 지금 시점에서 50% Knock In이 걸려 있는 ELS에 투자한다면 pbr이 0.45까지 빠지지 않는 이상 원금 손실이 발생되지 않는다는 것이다.

즉, 현재 ELS에 투자한다면 홍콩 H 지수가 반드시 포함된 상품을 선택해야 한다. 밸류에이션상 하늘이 두 쪽이 날 만한 경우의 수를 제외하면, 홍콩 H 지수가 여기서 반토막 나기란 여간해서는 힘들기 때문이다. 더불어 미국을 제외하면 나머지 국가의 밸류에이션도 적정하기 때문에 ELS 기초 자산에 편입되어 있는지 검토할 만하다. 물론 미국의 경우 앞서 언급한 대로 '달러'라는 기축통화를 가지고 있어 경제 위기 시 지수가 크게 하락하더라도 빠르게 복구할 수 있는 정책 카드를 가지고 있는 점이 다른 국가에 없는 장점이라고 볼 수 있다.

2024년 ISA 활용 백서

예·적금 만기가 됐지만 가입 시점보다 금리가 낮아져서 예·적금이 눈에 안 들어온다면?

1~2년 뒤 꼭 써야 할 돈이 아니라, 좀 더 운용할 시간이 있는 돈이라면?

적극적으로 운용하여 수익을 추구하고 싶지만, 세금이 걱정이라면?

아마 공통적으로 고민하는 질문들일 것이다. 이 경우 가장 추천할 수 있는 방법은 ISA(개인종합자산관리계좌)를 개설하는 것이다.

예·적금뿐만 아니라 채권, 원금보장형ELS(ELB) 등 여러 금융상품들을 편입하여 운용할 수 있고 최소 유지 기간은 3년이지만 1년씩 연장하여 5년까지 가져갈 수 있는 유연함도 가지고 있다. 더불어 절세 혜택까지 받을 수 있어 활용만 잘한다면 만능 금융계좌라는 이름을 붙일 수 있을 것이다.

A급 회사채 상품을 노려라

3%대로 낮아진 예·적금을 대신할 신용도 높은 회사채가 주목을 끌고 있다. 그중에서도 3년 이하 단기물이 높은 금리 수준으로 형성되어 인기를 끌고 있는 중이다. 그림 1)에서 보듯 2024년 2월에 발행된 대한항공(A-)은 4% 중반의 이자를 제공하고 있다. 이처럼 우량한 회사채가 예·적금의 대안으로 대두되고 있다.

그림 1 대한항공 회사채 - 출처: 신한금융투자

회사채는 공장 증설이나 운용 자금의 확보 등을 위해 발행되는데, 신용등급에 따라서 금리가 책정된다. 예를 들면 신용도가 높은 KT(AAA)는 2% 수준의 금리를 받을 수 있지만, 워크아웃(기업 재무구조 개선 작업) 이슈가 불거졌던 태영건설(CCC)은 상당히 높은 수익을 받을 수도 있다. 다만, 파산이나 회생 등 회사의 문제가 생긴다면 원금 손실이 커질 수 있다는 리스크도 뒤따라온다. 따라서 위험 관리 측면에서 회사채에 투자를 할 경우 높은 금리 수준에만 주목할 것이 아니라 발행 기업이 부동산 프로젝트파이낸싱(PF) 이슈에 노출됐는지, 재무제표상 최근 부채 수준이 크게 증가하거나 매출액·영업이익이 꾸준히 하락하고 있는지 확인하는 것이 필요하다.

예·적금 수익률 +@ 원금보장형 ELS(ELB)를 잡아라

ISA에서 회사채와 더불어 원금보장형 ELS(ELB)에 대해서도 관심이 높아지고 있다. 원금보장형 ELS(ELB)는 주로 지수나 채권 등에 투자를 하는데, 특정 조건을 만족한다면 만기에 이자와 원금을 보장하는 상품이다. 예를 들어 그림 2)의 ELB는 KOSPI200 지수를 기초 자산으로 만들어진 상품으로, 참여율에 따라서 변동하는 수익을 받을 수 있는 구조다. 1년 후 최초 기준 가격의 100% 이하로 떨어지거나(경우①), 125% 이상 상회할 경우에는 3.8%의 수익을 받을 수 있고(경우③), 100%~125%의 구간에서는 지수 상승분에 대한 참여율 19%의 수익을 추가로 받을 수 있어(경우②) 최대 수익률 8.55%의 수익까지 가져갈 수도 있다.

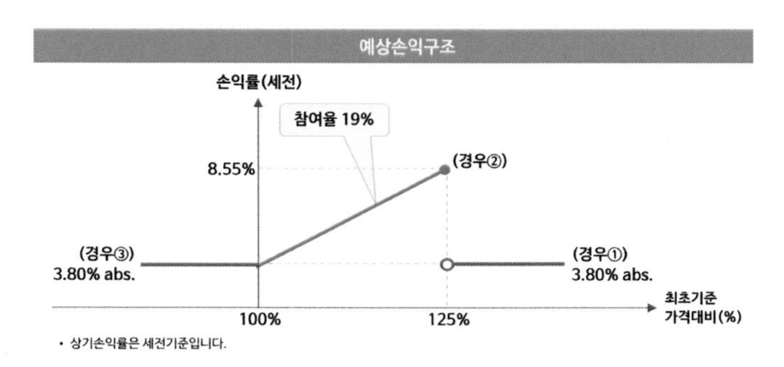

그림 2 ELS 리플렛 - 출처: D증권회사

예·적금 금리가 3% 수준임을 감안한다면, 원금보장도 되면서 추가 수익을 가져갈 수 있는 ELB는 매력적인 상품일 것이다. 위 예시뿐만 아니라 다양한 구조의 ELB 상품들이 출시되고 있어 제시된 수익 조건을 검토하여 가입하는 것을 추천한다. 최대 수익률을 감안하여 세금을 고려한다면 절세 혜택을 받을 수 있는 ISA와 궁합이 좋은 금융 상품임에는 분명하다.

2024년 ISA 변경 사항

2024년 ISA 변경 사항	변경 전	변경 후
납입 한도	연 2,000만 원 (최대 1억 원)	연 4,000만 원 (최대 2억 원)
비과세 한도	200만 원 (서민형 400만 원)	500만 원 (서민형 1,000만 원)
금융소득종합과세자	가입 불가	분리과세 14% 적용 (비과세 불가)

1,000만 원 수익 시 일반형 ISA와 서민형 ISA의 비교

	일반계좌	ISA	ISA(서민형)
비과세 한도	0원	500만 원	1,000만 원
과세금액	1,000만 원	500만 원	0원
비과세 한도 초과	15.4%	9.9% 분리과세	9.9% 분리과세
과세금액	154만 원	49.5만 원	0원
제세 수익금액	846만 원	950.5만 원	1,000만 원

노후 준비, 어떤 상품이 좋을까?

물가를 이기는 장기상품 3가지

시대적 요인으로 올라가게 된 물가

만 원의 가치가 예전만 못하다. 직장인들은 원하는 점심 한 끼를 해결하기에도 부족하고, 마트에서 장을 보더라도 몇 개 담으면 훌쩍 넘어간다. 현실적으로 한번 오른 물가는 다시 떨어지기가 어렵다. 계속해서 피부에 와닿으며 삶이 퍽퍽해진다. 물가 상승의 배경에는 시대적인 요인이 갑작스레 찾아온 것이 문제다. 준비할 겨를도 없이 고물가 시대가 온 것이다.

물가 상승은 앞으로도 지속될 전망이다. 우선 우리나라의 잠재 성장률이 하락한 데서 출발한다. 이는 원화 가치의 하락을 동반하면서 수입 물가를 끌어올리는 주범이 된다. 에너지 가격의 변동성도 문제다. 러-우 전쟁과 중동의 지정학적 리스크가 지속되고 있어 언제든지 석유, 천연가스의 가격이 크게 오를 수 있다. 대부분 에너지를 수입해서 쓰는 우리나라는 이런 문제에서 자유롭지 못하다. 마지막은 시대적인 변화다. 오랫동안 지속적으로 물가 상승의 압박을 가할 이슈다. 미-중 간의 분쟁으로 중국을 글로벌 밸류체인에서 제외하려는 서방국들의 움직임이 그것이다. 이미 중국에서 자국 혹은 동맹국으로 제조 기지를 이전시키고 있는 기업들이 나타나고 있고, 이로 인한 비용 상승은 물건 가격으로 전이가 되고 있다. 세계화 시대는 서서히 막을 내리고 있고, 이념 갈등과 자국 우선주의로 인해 물가 상승은 꾸준하게 나타날 전망이다.

노후 자금, 현재 값어치로 생각하면 오산

오랫동안 물가가 상승하게 되면 어떤 일이 벌어질까? 물가 상승률을 감안한 실질 화폐의 가치가 복리의 마법처럼 하락하는 일이 나타나게 된다. 특히 은퇴 자금을 준비하거나, 노후 생활비를 고려할 때 큰 오차가 발생할 수 있다. 쉽게 예를 들어보자. 열심히 저축을 하여 20년 뒤 노후 자금으로 3억 원을 모았다고 가정하자. 지금으로 보면 꽤나 큰 자금일 것이다. 다만 물가 상승률을 감안한다면 구매력의 가치는 크게 하락할 것이다. 3%의 물가 상승률만 적용해도 20년 뒤에는 약 1억 6천 정도의 값어치만 남을 것이다. 반대로 현재 시점에서 3억 정도만 있다면 노후 자금으로 충분할 것이라는 생각을 해보자. 그러나 이것은 현재 가치인 것이다. 3%씩 매년 물가가 올라서 20년 뒤를 생각하면 3억 원의 노후 필요 자금은 약 5억 4천 정도의 값어치로 올라갈 것이다. 물가 상승으로 인해 화폐의 가치는 떨어지고, 필요한 생활비 수준은 상승한 것이다. 이 차이는 시간에 따라 더욱 커지게 되므로, 특히 노후 자금을 준비할 때 반드시 고려해야 할 사항인 셈이다.

대표적인 연금 상품을 살펴보면 답이 나온다. 연금보험의 공시 이율(2024년 1월 기준)은 2.57% 수준으로, 한국은행의 기준 금리인 3.5%에도 못 미친다. 더욱이 사업비라는 비용이 존재하여 원금까지 도달하는 데도 오랜 시간이 필요하다. 안전하다고 여기는 은행의 연금저축신탁도 마냥 안전한 것이 아니다. 주로 채권형으로 운용되는데, 물가 상승에 따른 채권 금리 상승은 채권 가격 하락으로 이어져 손실이 발생하기도 한다.

연금저축 종류별 수익률

	2019년	2020년	2021년
신탁(은행)	2.34%	1.72%	-0.01%
손해보험	1.50%	1.65%	1.63%
생명보험	1.84%	1.77%	1.83%
펀드(증권)	10.50%	12.25%	13.45%

표 1 수수료율을 감안한 수익률 - 출처: 금융감독원

표 1)과 같이 연금저축펀드의 수익률을 확인하면 물가 상승을 충분히 이겨낼 수 있다고 볼 수도 있다. 물론 경제 위기에 따른 증시 하락으로 큰 손실을 입기도 하겠지만, 역사적으로 누적된 자산별 수익률에서 '주식'을 이긴 것은 없었다. 가만히 앉아서 물가 상승

으로 인해 실질 수익률이 마이너스가 될 바에는 투자를 해서 오히려 손해를 보는 것이 더 낫지 않을까?

우리에겐 투자를 '공부' 할 수 있는 시간이 충분히 있다.

물가 상승률을 이겨낼 연금 상품 3가지

○ 세제적격연금: 은퇴 시점에 따라 위험 자산 비중을 조절하는 TDF

연금저축계좌와 개인퇴직연금계좌(IRP)는 세제혜택을 받을 수 있는 연금계좌다. 금융사마다 연금의 특징이 다르나, 그림 1)처럼 장기 투자하면서 물가 상승률을 이겨낼 수 있는 연금펀드(증권)로 많이 이전하는 추세를 보이고 있다.

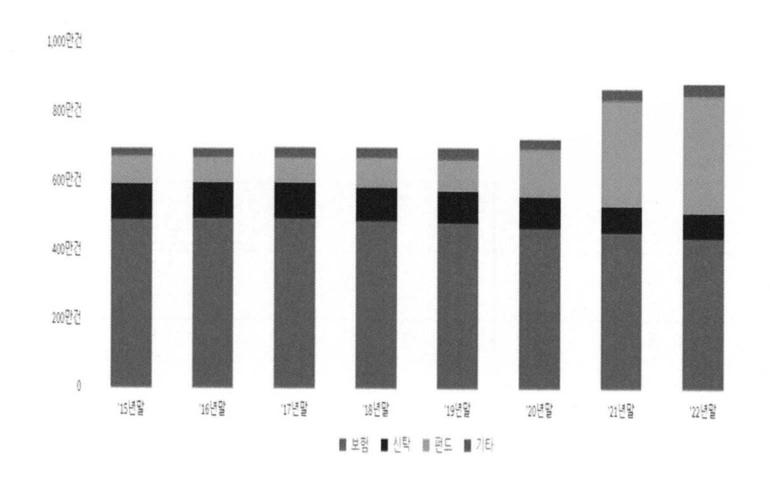

그림 1 연금저축 계약건수, 최근 연금펀드의 가입 추세가 많아지고 있음
- 출처: 금융감독원

대표적인 연금펀드로는 TDF가 있다. 타겟데이트펀드(TDF)로 불리는 해당 상품은 생애 주기에 맞춰 위험과 안전 자산을 자동으로 조절해주는 펀드다. 예를 들어 TDF2030은 2030년에 은퇴를 예정으로 두고 있기 때문에 안전 자산 비중이 크며, TDF2050의 경우는 은퇴 예정일이 많이 남아 있기 때문에 위험 자산의 비중이 크다. 두 펀드 모두 특정 은퇴 시점에 다가갈수록 안전 자산 비중을 높이는 특징을 보이고 있다.

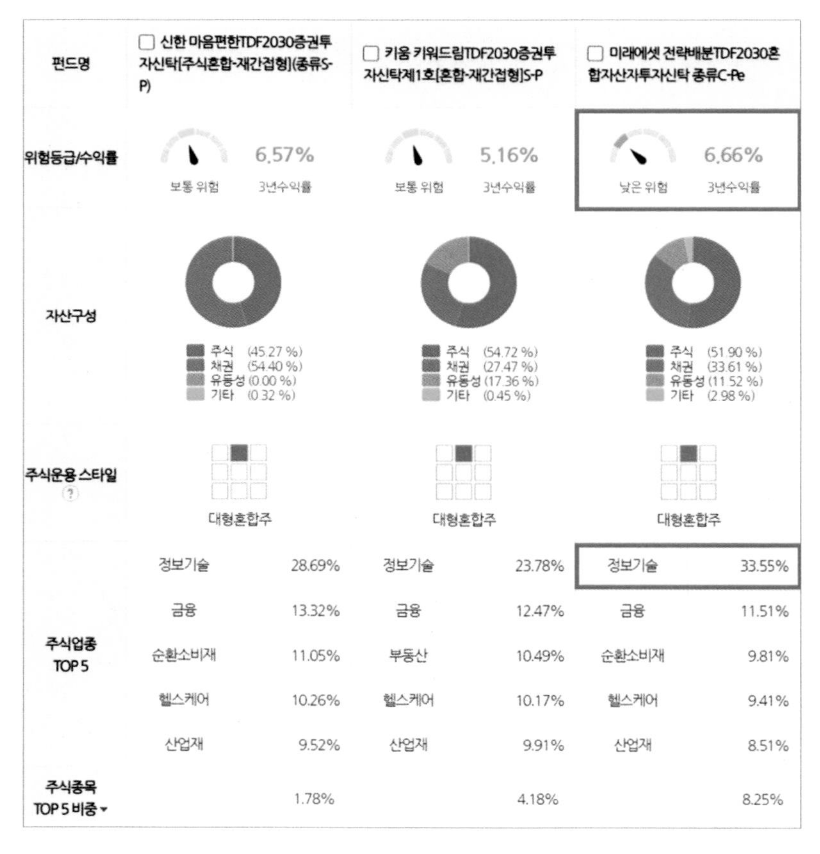

펀드명	신한 마음편한TDF2030증권투자신탁[주식혼합-재간접형](종류S-P)		키움 키워드림TDF2030증권투자신탁제1호[혼합-재간접형]S-P		미래에셋 전략배분TDF2030혼합자산자투자신탁 종류C-Pe	
위험등급/수익률	보통 위험	6.57% 3년수익률	보통 위험	5.16% 3년수익률	낮은 위험	6.66% 3년수익률
자산구성	주식 (45.27 %) 채권 (54.40 %) 유동성 (0.00 %) 기타 (0.32 %)		주식 (54.72 %) 채권 (27.47 %) 유동성 (17.36 %) 기타 (0.45 %)		주식 (51.90 %) 채권 (33.61 %) 유동성 (11.52 %) 기타 (2.98 %)	
주식운용 스타일	대형혼합주		대형혼합주		대형혼합주	
주식업종 TOP 5	정보기술	28.69%	정보기술	23.78%	정보기술	33.55%
	금융	13.32%	금융	12.47%	금융	11.51%
	순환소비재	11.05%	부동산	10.49%	순환소비재	9.81%
	헬스케어	10.26%	헬스케어	10.17%	헬스케어	9.41%
	산업재	9.52%	산업재	9.91%	산업재	8.51%
주식종목 TOP 5 비중		1.78%		4.18%		8.25%

그림 2 TDF2030 상품 비교 - 출처: 펀드슈퍼마켓

그림 2)와 같이 펀드의 규모와 성과를 고려하여 상위 3가지 펀드를 비교해보면 '미래에셋전략배분TDF2030'이 눈에 띈다. 낮은 위험에도 불구하고 높은 수익률을 기록하였다. 주식의 배분을 보면 성장주라 할 수 있는 정보기술의 비중이 높다. AI, 반도체 등 최근의 트렌드를 잘 반영하면서도 위험 관리를 잘하는 펀드라 할 수 있다.

○ 개인퇴직연금계좌(IRP): 안전 자산 의무비율 30%, 특판 예금

IRP는 안전 자산의 의무비율을 30%를 편입시켜야 하는 규정이 있어 100% 주식형 펀드를 편입할 수 있는 연금저축계좌와 구분된다. 안전 자산으로는 보통 채권 및 예금을 활용하는데, 최근 금리 상승으로 인해 예금이 변동성이 있는 채권보다 선호되는 추세다. 그림 3)을 보면 예금 상품은 수시로 금리가 변하지만, IRP의 예금 상품은 매월 초에 변경되는 특징을 보이고 있다. 그래서 월초 높은 예금 금리 순서대로 절판되는 모습을 보인다.

만기3개월 ◯ 만기6개월 ◯ 만기12개월 ◯ 만기24개월 ◯ 만기36개월 ◯ 만기60개월 | 2024.02.01 기준

상품명(금융기관)	금리(%)	주문
한국투자저축은행정기예금DC(12M) (한국투자저축은행)	3.71%	♥ 매수
한국투자저축은행정기예금IRP(12M) (한국투자저축은행)	3.71%	♥ 매수
고려저축은행정기예금IRP(12M) (고려저축은행)	3.60%	♥ 매수
고려저축은행정기예금DC(12M) (고려저축은행)	3.60%	♥ 매수
경남은행정기예금DC/IRP(12M) (경남은행)	3.60%	♥ 매수
증권금융정기예금DC/IRP(12M) (한국증권금융)	3.58%	♥ 매수
광주은행정기예금DC/IRP(12M) (광주은행)	3.52%	♥ 매수
우리은행정기예금DC/IRP(12M) (우리은행)	3.45%	♥ 매수
증권금융정기예금DC/IRP(6M) (한국증권금융)	3.45%	♥ 매수
우체국정기예금(12M) (우체국)	3.40%	♥ 매수

전체 / 만기3개월 / 만기6개월 / 만기12개월 / 만기24개월 / 만기36개월 / 만기60개월 | 2024.02.27 기준

구분	상품명(금융기관)	금리(%)	주문
예금	증권금융정기예금DC/IRP(12M)(한국증권금융)	3.58%	매수
예금	광주은행정기예금DC/IRP(12M)(광주은행)	3.52%	매수
예금	우리은행정기예금DC/IRP(12M)(우리은행)	3.45%	매수
예금	증권금융정기예금DC/IRP(6M)(한국증권금융)	3.45%	매수
예금	우체국정기예금(12M)(우체국)	3.40%	매수
예금	우리은행정기예금DC/IRP(6M)(우리은행)	3.39%	매수
예금	신한은행정기예금DC/IRP(12M)(신한은행)	3.35%	매수
예금	우체국정기예금(6M)(우체국)	3.35%	매수
예금	산업은행정기예금DC/IRP(12M)(KDB산업은행)	3.34%	매수
예금	산업은행정기예금DC/IRP(6M)(KDB산업은행)	3.34%	매수

그림 3 퇴직연금, 월초와 월말 예금 금리 비교(위: 월초 예금 금리, 아래: 월말 예금 금리) - 출처: 신한금융투자

따라서 IRP 내 안전 자산 30% 활용할 경우 월초에 금리가 높은 특판 상품을 미리 편입하는 것이 좋다.

○ 변액보험: 추가 납입을 통한 사업비 줄이기가 핵심

변액보험의 장점은 10년 이상 유지 시 비과세 혜택을 받을 수 있다는 점이다. 다만 높은 사업비로 인해 원금 도달까지 상당한 시간이 소요되기에 비과세 매력이 퇴색된 것도 사실이다. 이를 효율적으로 활용할 수 있는 제도가 '추가 납입'이다. 보통 수수료는 기본 보험료에 크게 부과되고, 추가 납입하는 보험료에는 얼마 붙지 않는다. 미래에셋 변액보험을 예로 들면 수수료의 경우 7년 이내까지는 기본 보험료의 약 9.3% 정도 부과되고, 10년 이후에는 2%가 발생된다. 추가 납입은 기본 보험료의 2배까지 가능한데 해

당 수수료는 0.05% 정도로 매우 낮다. 이 경우 30만 원의 연금을 가입할 때 기본 보험료 10만 원으로 가입 후, 20만 원을 추가 납입한다면 수수료를 1/3(약 3%)로 줄이는 효과를 볼 수 있다.

추가 납입을 통해 사업비를 줄였다면, 남은 것은 변액보험 내에 편입되어 있는 펀드의 개수가 중요하다. 선택의 폭이 다양할수록 전략적으로 운용하는 것이 가능하다. 보통 보험 회사별로 평균 10~20개 정도의 펀드가 편입되어 있지만, 그림 4)의 '변액적립보험 글로벌자산관리'는 현재 65개의 펀드를 보유하고 있으며 계속해서 펀드가 추가되고 있어 글로벌 자산 배분을 하기에 용이한 상품으로 보인다.

ETF국내신성장주식형	인덱스주식형	AI국내주식전략형	배당주식형	가치주식형	이머징마켓주식형	아시아그레이트 컨슈머 주식형	인도주식형
0 %	0 %	0 %	0 %	0 %	0 %	0 %	0 %
베트남주식형	아시아주식형	이머징네비게이터	A+차이나	선진마켓주식형	일본주식형	ETF글로벌주식형	ETF글로벌 MVP60
0 %	0 %	0 %	0 %	0 %	0 %	0 %	0 %
ETF글로벌 MVP30	글로벌MVP주식형	미국주식형	ETF글로벌신성장주식형	유럽주식형	미국인컴앤그로쓰	ETF글로벌MVP 주식형	ETF AI MVP (적극)
0 %	0 %	0 %	0 %	0 %	0 %	0 %	0 %
ETF AI MVP (중립)	글로벌성장주식형	글로벌컨슈머주식형	글로벌멀티전략형	글로벌 MVP 60	글로벌 MVP 30	글로벌헬스케어 주식형	글로벌인덱스주식형
0 %	0 %	0 %	0 %	20 %	0 %	0 %	0 %
글로벌베이직스 주식형	글로벌멀티인컴	글로벌신성장포커스주식형	글로벌IT소프트웨어주식형	더 나은 미래 글로벌 ESG 주식형	[인덱스ETF]미국 나스닥100	[인덱스ETF]미국 S&P500	[인덱스ETF]미국S&P500(환헤지형)
0 %	20 %	0 %	0 %	0 %	0 %	0 %	0 %
국내채권형	MMF형	장기국내채권형	글로벌채권형II	글로벌채권토탈리턴형	글로벌채권 매크로전략형	이머징마켓 채권형	글로벌MVP채권형
0 %	30 %	0 %	0 %	0 %	0 %	0 %	20 %
선진국투자등급 회사채권형	글로벌하이일드 채권형	글로벌메자닌채권형	ETF글로벌채권형	ETF글로벌MVP 채권형	글로벌채권형II(환오픈형)	글로벌채권매크로전략형(환오픈형)	글로벌하이일드채권형(환오픈형)
0 %	0 %	0 %	0 %	0 %	0 %	0 %	0 %
달러MMF형(환오픈형)	달러미국채형(환오픈형)	미국국채형	글로벌 인프라 부동산형	TDF2035	글로벌커머더티	목표수익 추구형 M(중립)	목표수익 추구형 A(적극)
0 %	0 %	0 %	0 %	10 %	0 %	0 %	0 %
성장형							
0 %							

그림 4 변액적립보험 글로벌자산관리 펀드 구성 - 출처: 미래에셋생명

세액공제 한도

총 급여액 (종합소득금액)	IRP + 연금저축 (연금저축만)	세액공제율
5,500만 원 이하 (4,500만 원 이하)	900만 원 (600만 원)	16.5%
5,500만 원 초과 (4,500만 원 초과)		13.2%

2024년
암보험 가입 백서

질병, 수술한다고 다가 아니다

통계청에 따르면 그림 1)과 같이 연령별 사망원인은 주로 암, 심장 질환, 뇌혈관 질환 등으로 나타났다. 이러한 질병들은 수술비도 많이 들지만, 수술 후에도 치료가 필요해서 지속적인 비용이 들어간다. 특히 6개월 이상의 요양이나 장애를 동반하는 경우, 많은 비용이 필요하기 때문에 치료비뿐만 아니라 일시금도 필수다. 보험사에서는 이러한 질병들을 3대 질병으로 분류해 진단금 및 수술비 등 다양하고 폭넓은 보장을 받을 수 있도록 보험 상품을 제공하고 있다.

(단위 : 인구 10만 명당 명, %)

	0세	1-9세	10-19세	20-29세	30-39세	40-49세	50-59세	60-69세	70-79세	80세 이상
1위	출생전후기에 기원한 특정 병태 107.6 (47.4%)	악성신생물 2.1 (18.8%)	고의적 자해(자살) 7.2 (42.3%)	고의적 자해(자살) 21.4 (50.6%)	고의적 자해(자살) 25.3 (37.9%)	악성신생물 37.0 (25.8%)	악성신생물 100.6 (32.7%)	악성신생물 257.4 (38.0%)	악성신생물 632.6 (31.0%)	악성신생물 1303.1 (14.1%)
2위	선천기형 변형 및 염색체 이상 38.9 (17.2%)	선천기형 변형 및 염색체 이상 1.0 (9.1%)	악성신생물 2.0 (12.1%)	악성신생물 3.9 (9.1%)	악성신생물 11.1 (16.7%)	고의적 자해(자살) 28.9 (20.2%)	고의적 자해(자살) 29.0 (9.4%)	심장 질환 52.7 (7.8%)	코로나19 172.1 (8.4%)	코로나19 946.0 (10.2%)
3위	영아 돌연사 증후군 15.7 (6.9%)	코로나19 0.8 (6.8%)	운수사고 1.5 (8.9%)	운수사고 3.5 (8.4%)	심장 질환 3.8 (5.7%)	간 질환 12.4 (8.7%)	심장 질환 24.2 (7.9%)	뇌혈관 질환 42.2 (6.2%)	심장 질환 172.0 (8.4%)	심장 질환 929.5 (10.1%)
4위	가해(타살) 4.0 (1.8%)	가해(타살) 0.6 (5.2%)	코로나19 0.5 (2.8%)	심장 질환 1.2 (2.8%)	간 질환 3.2 (4.8%)	심장 질환 10.3 (7.2%)	간 질환 23.4 (7.6%)	코로나19 39.6 (5.8%)	뇌혈관 질환 146.2 (7.2%)	폐렴 885.3 (9.6%)
5위	심장 질환 2.4 (1.1%)	심장 질환 0.4 (3.9%)	선천기형 변형 및 염색체 이상 0.4 (2.6%)	코로나19 0.8 (2.0%)	운수사고 2.8 (4.2%)	뇌혈관 질환 8.7 (6.1%)	뇌혈관 질환 18.4 (6.0%)	고의적 자해(자살) 27.0 (4.0%)	폐렴 130.3 (6.4%)	뇌혈관 질환 661.8 (7.2%)

• 연령별 사망원인 구성비 = (해당 연령의 사망원인별 사망자 수 / 해당 연령의 총 사망자 수) × 100

그림 1 2022년 연령별 사망원인 - 출처: 통계청

보험사별로 차이를 보이는 암 진단금

보건복지부에 따르면 기대수명인 83.5세까지 살면서 암에 걸릴 확률은 36.9%인 것으로 나타났다. 3명 중 1명은 암에 걸린다는 것이다. 암에 걸리면 산정특례를 받아 5년간 한시장애판정으로 본인부담금의 95%를 감면받게 되는데 초음파, CT 등 비싼 검사도 몇천 원만 납입하면 된다. 때문에 '보험이 필요할까?'라는 의구심이 들기도 한다. 하지만 치료의 기간이 길고 재발의 가능성도 있어 지속적인 치료비가 필요하고, 치료 기간 동안 소득의 공백기가 발생하게 되어 수입의 안정성도 흔들릴 수 있다. 이러한 점 때문에 암에 걸렸을 때는 수술비뿐만 아니라 목돈이 한 번에 들어오는 암 진단금이 필요하다.

표 1)과 같이 암의 종류는 고액암, 일반암, 유사암, 소액암으로 구분되며 받을 수 있는 보험금액이 다르다.

분류	암의 종류	보험금액
고액암	뇌암, 혈액암, 뼈암 등	가입 금액 + 고액암
일반암	위암, 대장암, 폐암 등 유사암, 소액암, 고액암을 제외한 암	가입 금액
소액암	유방암, 자궁암, 난소암, 전립선암 등	가입 금액의 10~20%
유사암	갑상선암, 경계성종양, 제자리암, 기타피부암, 대장점막내암 등	가입 금액의 10~20%

표 1 암 보장의 종류

일반암은 가입 금액의 100%를 받을 수 있지만, 유사암과 소액암은 가입 금액의 10~20%를 받게 된다. 소액암은 대부분의 손해보험사에서 일반암에 편입되어 있지만, 생명보험사는 제외된 경우가 많아 보험사별로 보장이 다르다는 점도 알아두어야 한다. 예를 들어, 암 진단 환자 중 많이 발병하는 갑상샘암의 경우 이전에는 일반암이었지만 지금은 모든 보험사에서 유사암으로 변경되면서 가입 금액의 10% 정도만 보장을 받게 되었다. 비슷한 사례로, 현재는 표 2)처럼 대장점막내암에 대해 보험사별로 차등을 두고 있기 때문에 반드시 확인이 필요하다.

	보험금액	유사암의 종류
생명보험사	10%	[유사암 진단보험금] 피보험자가 이 특약의 보험기간 중 '기타피부암', '갑상선암(중증갑상선암 제외)', '대장점막내암', '비침습방광암', '제자리암' 또는 '경계성종양'으로 진단확정된 경우(각각 최초 1회한)
손해보험사	100%	16 유사암진단비 보험기간 중 기타피부암, 갑상선암, 제자리암 또는 경계성종양으로 진단확정시 (각각 최초1회한, 계약일로부터 1년미만시 보험가입금액의 50%지급)

표 2 유사암의 종류와 보험금액 - 출처: 미래에셋생명, 현대손해보험

여러 부위에 대해 보장받을 수 있는 '통합암보험'

암 진단금은 고액암과 일반암, 최초 1회에 한하여 보험 가입 금액을 지급하게 된다.[12] 예를 들어 간암, 폐암, 위암에 순서대로 걸려도 최초 1회만 보험금을 지급하고 일반암 특약은 사라지게 된다. 이차암이나 재진단암이라는 특약도 있긴 하지만, 특약이 비싸고 갱신형이 많아 보험료 부담이 커진다.

12 유사암은 각각 최초 1회 지급한다.

가입담보	보험가입금액	보험기간 /납입기간
여성통합암(4대유사암제외)진단비	5,000만원	100세만기 /30년납
-여성통합암(4대유사암제외)진단비(소화기관암)	5,000만원	100세만기 /30년납
-여성통합암(4대유사암제외)진단비(유방암)	5,000만원	100세만기 /30년납
-여성통합암(4대유사암제외)진단비(자궁관련암)	5,000만원	100세만기 /30년납
-여성통합암(4대유사암제외)진단비(난소암)	5,000만원	100세만기 /30년납
-여성통합암(4대유사암제외)진단비(특정여성생식기 관암)	5,000만원	100세만기 /30년납
-여성통합암(4대유사암제외)진단비(호흡기및흉곽내 기관암)	5,000만원	100세만기 /30년납
-여성통합암(4대유사암제외)진단비(입술,구강및인두 암)	5,000만원	100세만기 /30년납
-여성통합암(4대유사암제외)진단비(비뇨기관암(요로 암)	5,000만원	100세만기 /30년납
-여성통합암(4대유사암제외)진단비(눈,뇌,중추신경계 통및내분비선암)	5,000만원	100세만기 /30년납
-여성통합암(4대유사암제외)진단비(뼈,관절,악성흑색 종,중피성및연조직암)	5,000만원	100세만기 /30년납
-여성통합암(4대유사암제외)진단비(림프및조혈관련 특정암)	5,000만원	100세만기 /30년납

그림 2 통합암보험 보장분류 - 출처: 한화손해보험

하지만 최근 보험사들의 암보험 경쟁이 심해지면서 다양하게 보장을 받을 수 있는 상품이 출시되고 있다. 소비자 입장에서는 선택의 폭이 넓어진다는 뜻이다. 예를 들면, 최초 1회 한으로 소멸되던 암 진단 특약을 소화기관, 유방암, 뼈암 등 11가지로 분류해서 소화기관에 암이 걸려도 나머지 10가지 특약은 추가로 보장을 받을 수 있게 된 것이다. 보장이 늘어난 만큼 보험료가 부담될 수 있지만, 그림 2)와 같이 30세 여성 기준 1,000만 원당 약 1,000원 이내로 큰 차이를 보이지 않아 다양한 암 보장을 원한다면 통합암보험을 추천한다.

표적항암치료제 - 암세포만 쏘옥 골라 공격하는 비싸디비싼 마법의 탄환

항암치료는 암 수술 전 크기를 줄이기 위해서, 혹은 수술 후 혹시 잔존해 있을 수 있는 암세포를 없애기 위해서 실행한다. 전통적으로 사용되는 1세대 항암치료는 대체로 강한 독성으로 암세포를 공격하고 파괴하는데, 이 과정에서 다른 정상세포들도 큰 피해를 입게 된다. 그래서 항암치료 환자들에게 구토나 탈모 등 많은 부작용이 나타나고 있다. 이러한 점을 대체하기 위해서 2세대 치료인 표적항암치료제의 사용 빈도가 증가하고 있다.

표적항암치료제는 암이 생성될 때 생기는 생체물질의 활동을 억제해서 암세포의 증식을 막는 치료제로, 진행을 늦추면서 생존기간을 늘릴 수 있다. 또한 정상세포에 대한 독성이 없기 때문에 부작용이 적은 것도 장점이다. 하지만 초기에 좋은 효과를 보이다가도 시간이 지나면 내성이 생길 수도 있다는 단점도 있다. 또한 가장 큰 문제로는 비용 부담이 크다는 것이다. 폐암의 경우 1년에 2,000만 원, 대장암은 1억 4,000만 원 까지 발생하게 된다. 실손의료비보험으로도 일부 보장이 가능하지만, 모든 비용을 감당하기 어렵기 때문에 그림 3)처럼 표적항암치료특약에 꼭 가입하는 것을 추천한다.

가입담보	보험가입금액	보험기간 /납입기간 /갱신형 /기타
암(특정유사암포함)표적항암약물허가치료비(1회한)(갱신형)	5,000만원	100세만기 /전기납 /20년갱신형
카티(C A R -T)항암약물허가치료비(1회한)(갱신형)	5,000만원	100세만기 /전기납 /20년갱신형
암(4대유사암제외)특정항암호르몬약물허가치료비(1 회한)(갱신형)	100만원	100세만기 /전기납 /20년갱신형
암(특정유사암포함)항암세기조절방사선치료비(1회한)(갱신형)	2,000만원	100세만기 /전기납 /20년갱신형
암(특정유사암포함)항암양성자방사선치료비(1회한)(갱신형)	3,000만원	100세만기 /전기납 /20년갱신형
갑상선암호르몬약물허가치료비(1회한)(갱신형)	100만원	100세만기 /전기납 /20년갱신형
(독립특별약관)암(갑상선암및전립선암제외)다빈치로 봇수술비(1회한)(갱신형)	1,000만원	100세만기 /전기납 /20년갱신형
(독립특별약관)자궁및난소특정질환다빈치로봇수술비 (1회한)(갱신형)	200만원	100세만기 /전기납 /20년갱신형
(독립특별약관)갑상선암및전립선암다빈치로봇수술비 (1회한)(갱신형)	500만원	100세만기 /전기납 /20년갱신형

그림 3 통합암보험 보장분류 - 출처: 한화손해보험

보험료를 보험사가 대신 납입해주는 납입면제 특약

○ 주요 사고 유형별 보험료 납입면제 사항

구분	납입면제 사유	납입면제 대상 약관
납입면제 미적용	(없 음)	독립특별약관 및 갱신특약
납입면제 적용	· 보장개시일 이후 "암"으로 진단확정된 경우("기타피부암", "갑상선암", "제자리암" 및 "경계성종양" 제외) · "뇌졸중"으로 진단확정된 경우 · "급성심근경색증"으로 진단확정된 경우	독립특별약관 외 소멸되지 않은 특약

그림 4 납입면제 - 출처: 한화손해보험

보험료 납입 기간을 길게 가져갈수록 확률적으로 유리한 특약이 하나 있다. 그림 4)와 같이 암, 뇌졸중, 급성심근경색증으로 진단을 받을 경우 납입을 면제해주는 제도가 그것이다. 예를 들어 가입 15년 후에 암에 걸렸다고 가정해보자. 20년납은 남은 기간인 5년만 면제되는 것이고, 30년납의 경우는 15년이나 면제가 가능하다. 기대수명 안에 암에 걸릴 확률이 36.9%임을 감안한다면 납입면제 기능을 활용하는 것도 좋은 보험 가입 방법이다.

커지는 지정학적 리스크와 금 투자

미국의 역사학자 윌 듀란트의 연구에 의하면 3,500년의 인류 역사 중 전쟁이 없던 시기는 270년에 불과하다고 한다. 최근에 일어난 러시아-우크라이나 전쟁부터 이스라엘-하마스 전쟁까지 멈출 기미가 보이지 않은 채 전 세계에는 크고 작은 전쟁과 충돌이 계속되고 있다. 물론 전쟁이 반드시 자산 시장에 악영향을 끼친다고 볼 수 없다. 지금도 미국과 유럽, 일본 등 선진국 증시는 계속해서 우상향의 모습을 보여주고 있기 때문이다.

그래도 투자자들은 그림 1)과 같이 지정학적 리스크가 미치는 부정적인 영향에 대비하기 위해 포트폴리오 내에 금이나 방산주와 같은 자산을 담기도 한다. 때문에 주요 증시도 좋은 가운데 금도 좋고 방산주도 좋은 아이러니한 움직임이 계속되고 있다.

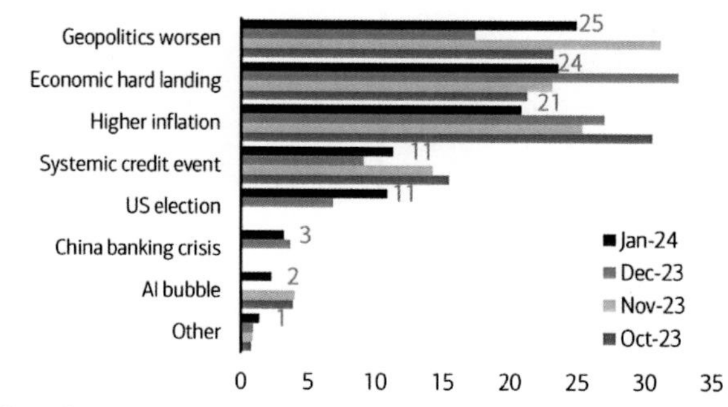

그림 1 2024년 1월 가장 큰 테일 리스크로 지정학적 리스크를 꼽음
- 출처: **BofA Global Fund Manager Survey**

포트폴리오의 방패, 금

금의 가치는 여러 가지 원인으로 움직인다. 상승의 요인으로는 경제 위기, 지정학적 리스크의 부상, 달러 가치의 하락, 미래 인플레이션의 상승, 제조업 호황으로 인한 산업 수요 정도를 들 수 있다. 이러한 상황들이 동시에 벌어질 경우 어디에 좀 더 비중이 실리는지에 따라 가격의 움직임이 달라질 수 있다.

그림 2 금(초록색), 달러 인덱스(파란색) 추이 - 출처: Trading Economics

그림 2)처럼 역사적으로 금과 달러 인덱스 사이에는 역의 상관관계가 존재한다. 다만 근래에 들어서는 여러 요인으로 금 가격이 움직였음을 확인할 수 있다. 2020년도 코로나19의 등장과 경기 침체 우려로 금 가격은 폭등을 경험했다. 2021년도에는 달러 인덱스의 상승에도 불구하고 금 가격은 박스권을 형성하면서 상향 돌파했다. 이 시점에는 코로나19로 인한 경기 둔화를 막고자 글로벌 중앙은행에서 대규모 양적완화와 함께 재정 정책을 실시하여 모든 자산 가격들이 우상향했던 시기였다. 특히 미국 경기가 강했던 터라 달러 가치 상승이 동반된 시점이다. 또한 2022년 2월 24일 발발한 러시아의 키이우 공습으로 단기간 금 가격이 급등한 것도 볼 수 있다.

2022년 3월부터는 자산 가격의 과열과 치솟는 물가를 잡고자 금리 인상 카드를 본격적으로 꺼내든 시점으로, 유동성 감소와 더불어 달러 가치의 본격적인 상승으로 주식 자산과 함께 금 가격도 조정을 겪은 시기였다. 이후에는 금리 상승에도 불구하고 잡히지 않는 높은 물가로 금 가격은 반등을 시작했고, 이어서 금리 인상으로 인한 경기 둔화 우려와 중동의 지정학적 리스크 발발, 달러 인덱스의 하락 요인들까지 더해 금 가격은 현재 2,000달러를 지지하고 있다.

금 가격의 흐름을 이해한다면 글로벌 경제 흐름을 이해할 수 있다. 금은 '위험 자산이면서도 안전 자산'인 성격을 가지고 있는 자산이다. 왜 금 가격이 움직였는지 동인을 살펴본다면 전 세계에 어떠한 일이 벌어졌는지 알 수 있을 것이다.

앞으로 금 가격에 영향을 끼칠 요인들을 살펴보면 러시아-우크라이나 및 중동의 지정학적 리스크 확전, 재반등을 시도하는 물가 상승률, 미-중 분쟁과 양안 갈등을 대표로 들 수 있다. 달러 인덱스의 급격한 상승이 없다면 금 가격은 이러한 요인들로 인해 2,000달러 부근에서 박스권을 형성하면서 움직일 것이다.

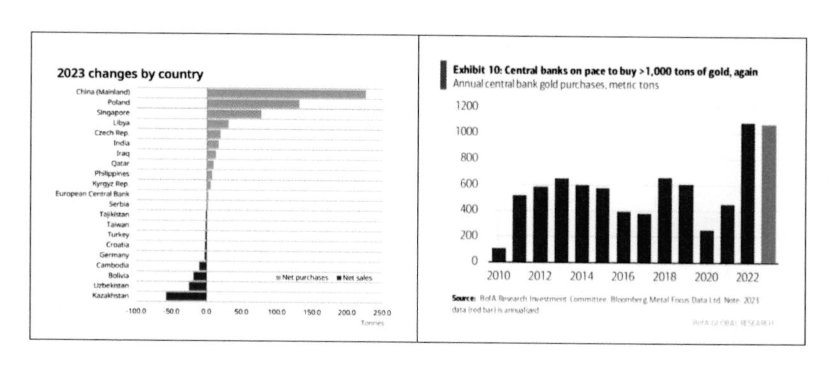

그림 3 좌: 2023년 국가별 금 구매 순위, 우: 2023년 글로벌 중앙은행의 금 매입량 - 출처: Tonnes, BofA

금 가격의 추가적인 변수 요인은 그림 3)과 같이 글로벌 중앙은행들의 매입량이다. 특히 중국 정부의 금 매입 속도가 가파른데, 이에 대한 원인으로는 달러로 구성된 외환보유고의 다양화를 들 수 있겠지만 가장 큰 영향은 미국의 대러시아 제재로 추측된다. 우크라이나 침공 후 미국은 러시아 중앙은행 자금 동결, 특정 러시아 상품 금수 조처, 러시아 은행 일부의 세계은행 간 금융통신협회(SWIFT) 배제, 러시아 원유 가격 상한제 등의 제재를 취했다. 특히 러시아가 보유한 달러 외환보유고 계정을 동결하고 스위프트에서 배제한 것은 객관적으로 본다면 미국의 힘으로 금융의 신뢰를 무너뜨린 사건으로 평가되며, 중국은 이런 사례를 바탕으로 비슷한 이념을 가진 국가들과 함께 자국의 통화로 무역 결제를 넓히며 탈(脫) 달러화를 가속화할 것으로 보인다.

금 투자 방법

대표적인 금 투자 방법에는 KRX 금 현물, 골드뱅킹, 금 ETF 등이 있다. 자산 포트폴리오에서 방어적인 역할을 수행할 금을 담는다면 금 ETF를 추천한다. 금 ETF는 주식 시장에서 언제든지 사고팔 수 있도록 만든 집합투자증권으로, 금의 가격과 연동되도록 설계된 펀드다. 환금성, 유동성, 거래 편의성 등을 장점으로 들 수 있으며, 세금의 경우 차익실현 시 배당소득세 15.4%가 발생한다.

금 ETF 비교

	KODEX 골드 선물(H)	TIGER 골드 선물(H)	ACE KRX 금 현물
기초 지수	S&P GSCI Gold Index TR CME	S&P GSCI Gold Index TR CME	KRX 금현물지수
총보수비용	0.73%	0.45%	0.62%
순자산총액	1,599억	312억	1,331억
1년 성과	6.64%	6.44%	13.39%

표 1 출처: 각 자산운용사

3개의 금 ETF 모두 비슷하지만 차이를 보이는 것은 환율 부분이다. 'ACE KRX 금 현물' ETF의 경우 한국거래소가 산출·발표하는 'KRX 금 현물 지수'를 기초 지수로 하여 해당 지수의 수익률을 추종하는 ETF다. 원화 환산 지수로 원화 대비 미국 달러(USD) 환율 성과가 반영되었다. 따라서 향후 달러 가치가 상승할 것으로 고려한다면 해당 ETF를, 아니라면 헤지(H)된 ETF를 골라 투자하는 것이 현명하다.

비트코인 투자,
지표를 보며 투자하라

Rank	Name	Market Cap	Price	Today	Price (30 days)	Country
1	Gold GOLD	$13.714 T	$2,042	-0.35%		
2	Microsoft MSFT	$3.049 T	$410.34	-0.32%		USA
3	Apple AAPL	$2.818 T	$182.52	-1.00%		USA
4	Saudi Aramco 2222.SR	$2.055 T	$8.48	-0.47%		S. Arabia
5	NVIDIA NVDA	$1.970 T	$788.17	0.36%		USA
6	Amazon AMZN	$1.817 T	$174.99	0.23%		USA
7	Alphabet (Google) GOOG	$1.798 T	$145.29	-0.02%		USA
8	Silver SILVER	$1.268 T	$22.54	-1.92%		
9	Meta Platforms (Facebook) META	$1.233 T	$484.03	-0.43%		USA
10	Bitcoin BTC	$1.003 T	$51,161	-0.82%		

그림 1 글로벌 자산 가치 TOP 10 - 출처: companiesmarketcap

2024년 1월 미국 증시에 상장한 비트코인 현물 ETF는 총 10개가 동시 상장했으며, 상장 후 약 5주 정도 지난 시점에 총 유입 자금은 50억 달러(6조 6,600억 원)에 달했다. 금 ETF 중 가장 큰 규모의 GLD(SPDR Gold Trust)가 50억 달러 수준에 이르기까지 2년이라는 시간이 걸린 것을 비교하면, 가히 놀라운 속도의 유입량이라고 볼 수 있다. 특히 글로벌 최대 운용사인 블랙록과 피델리티도 참여하여 출시한 만큼 이제 비트코인을 '하나의 자산'으로서 바라보는 투자자들이 많아질 것이다. 그림 1)처럼 글로벌 자산 가치 순위에서도 비트코인은 10번째, 이더리움은 29번째에 이름을 올렸다. 2000년대 들어 중국과 원자재 국가인 브릭스(BRICS)가 시장을 주도했다면, 2010년대에는 미국의 빅테크인 FAANG이, 2020년대에는 AI를 중심으로 한 Magnificent 7의 미국 기업이 주도할 것으로 예상하고 있지만, 비트코인과 같은 가상 자산도 한 축을 담당하게 될 수 있을지는 아무도 모르는 것이다. 단지 '아무런 쓸모가 없을 것'이라고 단정하여 투자 포트폴리오에 중요한 역할을 수행하게 될 자산 한 부분을 스스로 버릴 필요는 없다.

지표를 보며 투자하는 방법

투자는 자산에 대한 몇 가지 중요한 단서를 보면서 결정을 내린다. 기업의 경우 분기마다 실적을 발표하면서 주가의 타당성을 평가할 수 있으며, 채권의 경우 정해진 기간에 이자가 지급되기에 인플레이션과 금리 방향성을 파악하며 투자를 결정하곤 한다. 비트코인은 이런 투자 자산과 달리 알려진 투자 단서가 거의 없다. 다만 이자나 배당이 없는 '금'과 같은 속성을 가진 자산 중 하나로서 금이 '안전 자산'으로서의 대표성을 띤다면, 비트코인은 '위험 자산'으로서의 대표성을 띨 수 있을 것이다.

비트코인, M2(광의의 유동성)를 확인하라

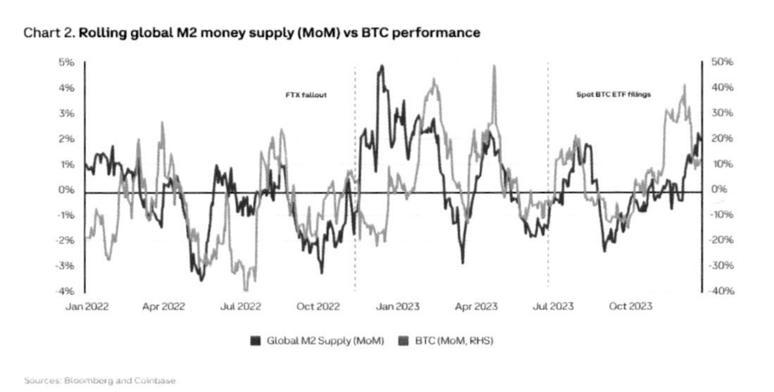

그림 2 글로벌 유동성(M2) 증가량(파란색), 비트코인 상승률(회색) - 출처: coinbase

그림 2)와 같이 기본적으로 모든 자산의 가치 상승은 시장에 돈이 풀려야 하는 '유동성 장세'가 동반되어야 한다. 특히 전 세계의 화폐 중 가장 강한 미국 달러화의 M2 공급량을 살펴보는 것이 중요하다. 미국 중앙은행의 정책이 곧 전 세계 자본 시장의 규칙과도 같기 때문이다.

그림 3)처럼 미국 달러의 M2 증가량은 세인트루이스 연준에서 운용하는 'FRED'라는 사이트에 접속하여 'Percent change-monthly'로 변경하여 확인하면 된다. 그럼 그림 2)의 전 세계 유동성의 선행지표로 확인할 수 있다.

그림 3 M2 변화율(MoM) - 출처: FRED

비트코인, 자산 간의 상관관계를 확인하라

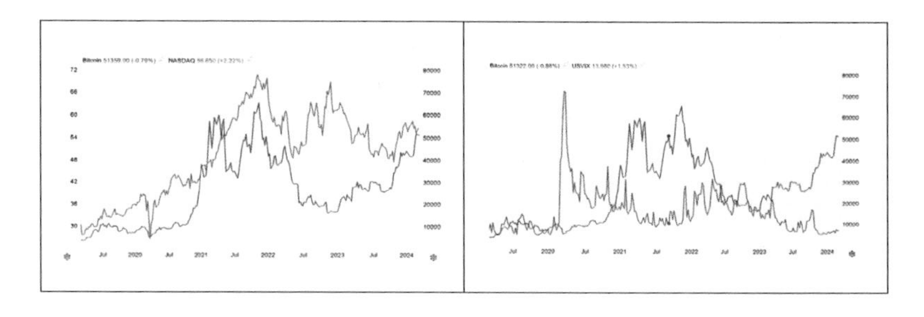

그림 4 비트코인과 나스닥 지수, 비트코인과 VIX(변동성) 지수 비교
- 출처: tradingeconomics

-1~+1로 구분할 수 있는 상관관계는 값이 낮을수록 서로 반비례 관계, 높을수록 정비례 관계를 보인다. 포트폴리오 구성에 있어 상관관계가 낮은 자산을 함께 포함한다면 다변화 효과를 얻을 수 있어, 하나의 자산이 손실을 보더라도 다른 자산이 이를 상쇄해줄 수 있다. 예를 들어 전통적인 방법으로는 주식과 채권의 비중을

조정하면서 포트폴리오를 구성하는 것이었다. 비트코인은 어떤 자산과 함께, 혹은 다르게 움직일까? 그림 4)에서 미국의 대표 성장주인 나스닥 지수와 비트코인의 움직임을 본다면 2022년 하반기를 제외하고 비슷하게 움직인 것을 확인할 수 있다. 반대로 공포지수라고 불리는 VIX 변동성 지수와는 역의 상관관계를 보이는 것을 확인할 수 있다. 나스닥 지수의 흐름을 보면서 비트코인에 투자하되, 변동성 지수의 비중을 조절하면서 가져가는 방법으로 포트폴리오를 구성할 수 있다.

비트코인, 나침반을 확인하라

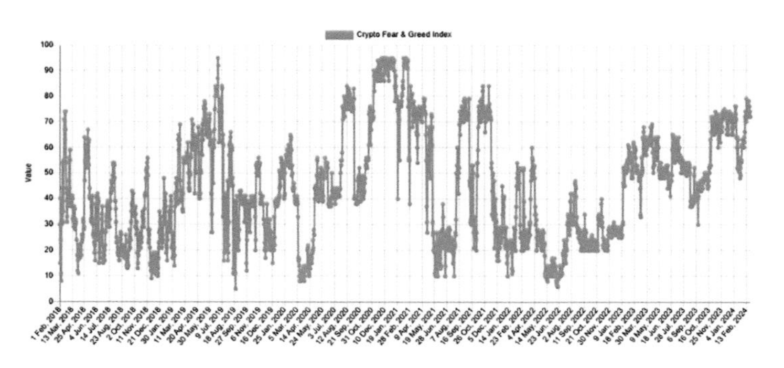

그림 5 비트코인의 공포와 탐욕 지수 - 출처: alternative.me

보통 투자의 격언으로 '무릎에 사서, 어깨에 팔라'라는 말을 한다. 비슷한 말로는 '공포에 사서, 탐욕에 팔라'로 표현할 수 있을 것이다. 투자에 있어 0부터 100까지 모든 상승분을 다 가져갈 가능성은 크지 않다. 보통 중간 정도 크기의 수익을 가져가면서 위험을 관리하는 것이 좋은 투자 방법이라고 말할 수 있다. 특히나 투자 자산 중 가장 변동성이 큰 비트코인의 경우 위험 관리가 가장 중요하다.

그림 5)는 비트코인, 즉 가상 자산 시장이 현재 어느 정도 수준에 있는지를 가리키는 지표로 'Crypto Fear & Greed Index'다. 변동성, 시장 거래량과 모멘텀, 감정, 비트코인 지배력, 트렌드 데이터 등 5개 데이터를 수집하여 만든 지표로 해당 수치가 왼쪽 빨간색으로 갈수록 공포, 오른쪽 녹색으로 갈수록 탐욕을 나타낸다. 공포 구간으로 진입한다면 분할로 매입하는 전략을, 탐욕 구간에 진입한다면 분할 매도하는 전략을 세우는 것을 추천한다.

고진감래,
청년도약계좌

여전히 빡빡하기만 한 취업 시장, 소득 대비 터무니없는 집값, 계속 올라가는 생활비 물가. 사회에 처음 발을 내딛는 청년들이 마주한 현실이다. 불투명한 미래로 인해 결혼, 출산에 대한 꿈도 점차 희미해지고 당장 학자금 대출과 전세 자금 대출을 갚는 것도 버겁게 느껴진다. 'N포 세대(모든 것을 포기한 세대)'라는 신조어는 우리 사회에서 청년들이 직면한 현실적인 문제가 얼마나 심각한지 나타내는 표현이라고 할 수 있다.

"할 수 있다." "다 잘될 거야." "너무 걱정하지 마." 먼저 격려의 메시지를 보내고 싶다.

시간이 주는 희망감

현실을 마주한 청년들에겐 저축이 주는 동기 부여가 크지 않은 것은 어쩌면 당연할 것이다. 이러한 상황에서 막연하게 저축을 한다면 중간에 포기할 수도 있기 때문에 점점 미래에 대한 자신감도 잃게 되는 것이다. 일단 부담되지 않는 금액부터 짧게 시작해보자. 이러한 작은 성취감들이 모여서 '할 수 있다!'라는 자신감을 갖게 되고, 이렇게 모인 종잣돈은 미래 목표 달성에 큰 발판이 될 것이다.

저축을 위한 목표를 세웠다면 다음으로 해야 할 것이 비상예비자금을 먼저 마련해두는 것이다. 저축을 유지하는 도중 갑작스러운 일이 생길 경우 이름표를 붙인 저축을 해지해서 쓰는 것보단, 비상금 통장에서 해결하면 목표 달성에도 안정성이 유지될 것이다.

청년들이 가진 가장 큰 힘은 시간이다. 그 시간 동안 자기 계발을 통해 목표에 한 걸음 다가설 수 있고, 잘못된 방향으로 가고 있다고 하더라도 그것을 만회할 시간이 충분한 것이다. 저축도 마찬가지다. 재무 목표 금액이 너무 커서 시작조차 못 하는 것보다는, 일단 해보도록 하자.

그 시간 동안 자기 계발을 통해 나의 가치가 커져서 급여도 인상됐을 것이고, 오랫동안 저축했던 통장의 수익이 생각했던 것보다 더 불어나 있을 수도 있다. 시간을 믿고, 계획했던 목표들에 향해 한 걸음씩 다가가다 보면 어느 순간 종착지에 도착해 있는 '나'를 발견할 것이다. 하루아침에 많은 것이 변하긴 힘들지만 미래를 위한 고민과 실천이 따른다면 시간이 지날 때마다 희망은 점점 더 커질 것이다.

청년도약계좌 활용 방법

재무 목표를 설정하였으면, 실행 방법의 선택도 중요하다. 비상 예비 자금은 파킹 통장이나 CMA를, 1~2년 뒤 쓸 자금은 예·적금을 활용하고, 5년 뒤 쓸 자금을 마련하려면 '청년도약계좌'를 활용해보자. 만 19~34세 이하의 청년들을 대상으로 5년 동안 저축하면 이자와 함께 정부가 기여금을 더해주는 제도다. 청년도약계좌는 다음과 같이 활용하는 것을 추천한다.

첫 번째, 청년희망저축을 청년도약계좌로 갈아타는 것이다. 청년희망저축을 50만 원씩 저축했다면 1,260만 원의 원금과 이자를 수령할 수 있는데, 청년도약계좌로 이전한다면 이자와 정부의 기여금까지 비과세를 받을 수 있어 종잣돈을 불리는 데 큰 도움이 될 것이다.

청년도약계좌 비교공시 검색결과 (기준일자 : 2024. 2. 26.) 엑셀 출력하기

은행	기본금리[주1] (3년 고정)	소득+ 우대금리[주2]	적금담보대출 가산금리[주3]			은행별 우대금리[주4]	상세정보
			만기일시 상환대출	한도대출	대출가능 한도		
NH농협은행	4.50%	0.50%	0.90%	0.90%	90%	우대금리 최대 1.00%p (① 급여이체 0.50%p, ② 마케팅동의 0.20%p, ③ 카드실적 0.20%p, ④ 가입직전 1년간 농협은행 예적금(청약포함) 미보유 또는 NH청년희망적금 만기해지 고객 0.10%p)	보기
신한은행	4.50%	0.50%	1.00%	1.00%	100%	우대금리 최대 1.00%p (① 급여이체 0.30%p, ② 신한카드(신용/체크) 결제 0.30%p, ③ 첫 거래 우대 0.40%p)	보기
우리은행	4.50%	0.50%	1.00%	1.00%	95%	우대금리 최대 1.00%p (① 급여이체 : 1.00%p, ② 예적금 미보유 : 0.50%p, ③ 카드 결제(신용/체크) : 0.50%p) * 만기해지 시점까지 적금 자동이체 및 마케팅 동의 유지 필수	보기
하나은행	4.50%	0.50%	1.00%	1.00%	100%	우대금리 최대 1.00%p (① 급여 (가맹점대금) 이체 [36회차 이상] : 0.60%, ② 마케팅 동의 : 0.10%, ③ 카드 결제실적 [월10만원이상, 36회차 이상] : 0.20%, ④ 목돈마련응원 : 0.10%)	보기
IBK기업은행	4.50%	0.50%	0.60%	0.60%	100%	우대금리 최대 1.00%p (① 급여이체 0.50%p, ② 마케팅동의 0.10%p, ③ 지로/공과금 0.20%p, ④ 카드이용 0.20%p, ⑤ 최초고객 0.30%p)	보기

그림 1 은행별 청년도약계좌 우대 금리 및 대출 가산 금리 - 출처: 은행연합회

계좌 활용에 있어서 대출도 가능하고, 갑작스러운 퇴직이나 폐업, 생애 최초 내 집 마련 등 특별중도해지 사유에 해당한다면 3년 이후 해지 시 이자에 대해서 비과세를 받을 수 있다. 또한 2024년부터는 청년들의 결혼과 출산을 장려하기 위해 두 가지 경우 이자와 기여금까지 비과세를 적용받을 수 있어 계좌 활용에 도움을 줄 것으로 보인다. 그림 1)과 같이 은행별로 차이를 보이니 꼭 확인하고 가입하자.

두 번째, 청년도약계좌 만기 시 재투자를 고려해보자. 5년 후 목적 자금으로 사용될 수도 있고 또는 좀 더 종잣돈을 굴리기 위해 저축을 이어나갈 수도 있을 것이다. 불어난 종잣돈만큼 세금에도 신경을 써야 하는데, ISA 계좌를 활용을 참고한다면 절세 혜택을 받으면서 다양한 금융 상품에 저축 혹은 투자가 가능할 것이다.

세 번째, 도약계좌 만기 후 34세가 넘는 경우다. 정부에서는 청년정책을 34세 이하로 보고 있어, 이후에는 더 이상 청년저축상품을 가입할 수 없을 가능성이 있다. 이전까지만 해도 이자 혜택이나 정부의 기여금 등 다양한 지원책이 있었지만, 그 이후부터 스스로 자금을 운용해야만 한다는 것이다. 만약 투자를 할 경우 수익도 얻을 수 있지만, 반대로 손실도 생길 수 있기 때문에 이 기간 동안 재테크 공부와 함께 연습을 해보는 것이 중요하다. 예를 들면 소액으로라도 적립식 투자를 진행하면서 수익률 체크와 함께 경제 흐름을 공부한다면 큰 도움이 될 것이다.

고진감래, 고생 끝에 낙이 온다

5년이라는 짧지 않은 시간 동안 묵묵히 저축을 이어간다는 것은 쉽지만은 않다. 중간에 해약해서 여행도 가고 싶고, 쓰고 있는 스마트폰을 교체하고 싶은 유혹도 생길 것이다. 하지만 이런 소비의 욕구보다 더 중요한 것은 꼭 이루어야 할 소중한 나의 재무 목표일 것이다. 멀게 느껴져서 어쩌면 잡기 어려울 수도 있겠지만, 꿋꿋이 이어나간다면 뿌듯한 결실과 더불어 '해냈다'라는 자신감과 성취감을 얻을 수 있을 것이다. 처음으로 만들어낸 나만의 종잣돈은 삶의 든든한 버팀목이 되고 더 큰 도전을 위한 발판이 될 것이다. 항상 노력하는 청년들에게 다시 한번 격려의 메시지를 보낸다.

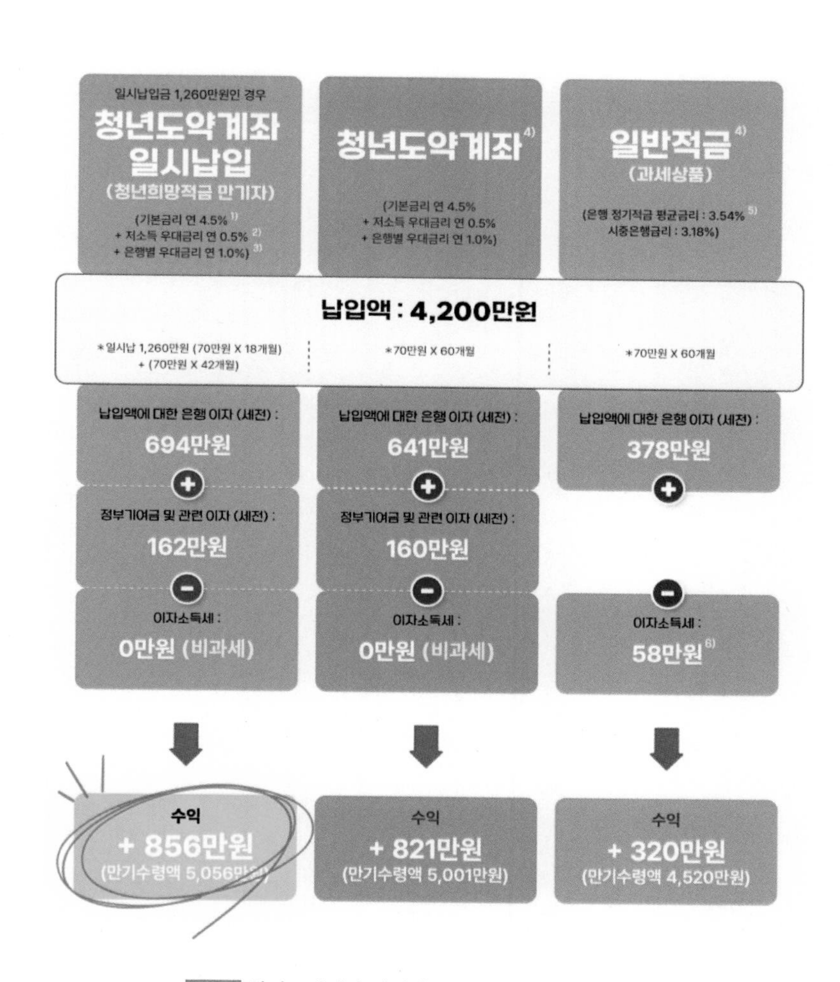

그림 2 청년도약계좌 가입 효과 예시 - 출처: 금융위원회

제 3 부

2024 리스크 아웃룩 헤지펀드 게임

※ 책의 마지막 부록에 실린 'Trading Scoring Sheet'를 참고하여, 높은 점수를 기록한 팀이 이기는 자산 배분 게임입니다.

게임 방법

① 헤지펀드(팀)를 구성합니다.

② 각 팀마다 헤지펀드 기록 매니저를 뽑습니다. 기록 매니저는 암산을 잘하시는 분으로 뽑아줍니다.

③ 총 10개의 시나리오가 존재하며, 각 시나리오는 각각의 사건 확률과 자산 영향을 가지고 있습니다.

④ 시나리오가 공개되면 확률과 영향에 따라 각 자산이 어떻게 변할지 모든 팀원이 회의를 합니다.

⑤ 총 회의 시간은 5분이 주어집니다.

⑥ 각 시나리오당 천만 원을 투자할 수 있으며, 100만 원 단위로 반드시 천만 원 전부를 투자해야 합니다.

⑦ 한 자산에 모두 투자할지, 여러 자산에 분산 투자할지는 팀원의 회의에 따라 자체적으로 결정합니다.

⑧ 회의가 끝나면, 주어진 시트지 '투자'에다가 금액을 기록합니다.

⑨ 주사위를 던지고 그 결과에 따라 시나리오가 발생할 수도, 발생하지 않을 수도 있습니다.

⑩ 주사위 결과에 따라 주어진 시트지 '결과'에 투자한 금액과 자산 영향 수익률을 계산하여 기록합니다.

⑪ 총 10회의 게임 점수를 합산하여 높은 점수를 기록한 팀이 우승합니다.

게임 도구

10개의 시나리오

『더 이코노미스트』에서 제시한 '2024 Risk Outlook'은 핵심 경제 및 지정학적 예측에 심각한 영향을 미치고 전 세계 기업의 운영에 어려움을 줄 수 있는 사건을 평가하였습니다. 2023년에는 소비자의 회복력과 점진적인 인플레이션 하락으로 불안한 투자자들이 안심하였고, 완만한 글로벌 성장이 이룩되었습니다.

경제의 불확실성이 줄어들고 주요 중앙은행이 2024년 하반기 정책 금리를 낮추기 시작함에 따라 안정적이지만 눈에 띄지 않는 글로벌 성장이 2024년까지 계속될 것으로 예상합니다. 이 자료는 지정학적 위험, 신기술 출현, 지속적인 환경 위험이 어떻게 2024년 전망을 뒤흔들 수 있는지 살펴봅니다.

1

2

3

4

5

6

7

8

9

10

6개의 자산

선진국 주식, 신흥국 주식, 미국 국채, 석유, 금, 현금 등 총 6개의 자산으로 구성됩니다. 각 자산은 실제 변동성에 따라 자산의 수익률 변동을 가정하여 기록하였습니다.

매 턴마다 총 1,000만 원의 자금을 투자할 수 있으며, 신중한 투자 결정을 내려 시트지에 작성하시길 바랍니다.

시나리오상 2번과 8번에서는 석유의 움직임이 제시된 영향과 반대로 가는 것을 인지하시길 바랍니다.

트레이딩 스코어 시트(TSS)

기록 매니저는 스코어 시트(이하 TSS)를 작성하며 헤지펀드의 전체 자산과 포트폴리오 상황을 기록, 활용합니다. 각각의 시나리오를 통해 나타난 결과물은 좋을 수도, 혹은 좋지 않을 수도 있습니다. 이 경우 남은 시나리오에서 좀 더 보수적이거나 혹은 공격적으로 투자 포트폴리오를 만들어나가는 전략도 헤지펀드 매니저들의 중요한 능력이라고 볼 수 있습니다.

Hedge Fund Alpha TSS (Trading Scoring Sheet)

확률/영향	시나리오	자산		01 선진국주식	02 신흥국주식	03 미국국채	04 석유	05 금	06 현금	score 합계
확률	1	통화긴축	투자	200	100	100	100	500		1,000
영향			결과	210	110	97	107	475		
확률	2	무역분쟁	투자							1,000
영향			결과							
확률	3	기후변화	투자							1,000
영향			결과							
확률	4	파업	투자							1,000
영향			결과							
확률	5	양안전쟁	투자							1,000
영향			결과							
확률	6	정권교체	투자							1,000
영향			결과							
확률	7	중국혼란	투자							1,000
영향			결과							
확률	8	중동전쟁	투자							1,000
영향			결과							
확률	9	선거패배	투자							1,000
영향			결과							
확률	10	우리전쟁	투자							1,000
영향			결과							
최종 합계										

시나리오 확률

더 이코노미스트에서 제시한 '2024 Risk Outlook'에서는 총 10개의 시나리오에 따른 확률 및 충격 영향에 대해 소개하고 있습니다. 먼저 시나리오 확률은 크게 '매우 낮음, 낮음, 보통, 높음'까지 총 4개로 규정하고 있습니다. 이에 따라 주사위를 던져 해당 확률을 규정하는 게임 절차를 제시합니다.

사건 확률	주사위	그 외
매우 낮음	1	기본 영향
낮음	1,2	기본 영향
보통	1,2,3,4	기본 영향
높음	1,2,3,4,5,	기본 영향

시나리오 영향 1

시나리오 영향은 크게 '낮음, 보통, 큼, 매우 큼' 총 4개로 규정하고 있습니다. 이에 따라 주사위를 던져 발생한 확률에 따라 실제 영향이 규정되고, 그 외 주사위가 나올 경우 시나리오가 실행되지 않은 경우라 기본 영향이 적용됩니다.

자산은 크게 위험 자산 3개, 안전 자산 3개로 구성되어 있습니다. 리스크 시나리오에 따른 각 자산의 움직임은 다음과 같습니다(**다만 시나리오 2번과 8번에서 석유의 움직임은 반대로 갑니다**).

자산 영향	선진국주식	신흥국주식	미국국채	석유	금	현금
낮음	-3%	-5%	1%	-5%	3%	1%
보통	-5%	-10%	3%	-10%	7%	1%
큼	-10%	-20%	5%	-15%	15%	1%
매우 큼	-20%	-40%	10%	-30%	20%	1%

시나리오 영향 2

총 10개의 시나리오는 각각 확률이 다르게 적용됩니다. 주사위를 던져 그 확률이 벗어나 발생하지 않을 경우, 시장은 호재로 여겨 위험 자산은 상승하고 반대로 안전 자산은 제자리거나 소폭 하락하게 됩니다(**다만 시나리오 2번과 8번에서 석유의 움직임은 반대로 갑니다**).

자산 영향	선진국주식	신흥국주식	미국국채	석유	금	현금
기본 영향	5%	10%	-3%	7%	-5%	1%

게임 예시

팀 구성과 역할 결정

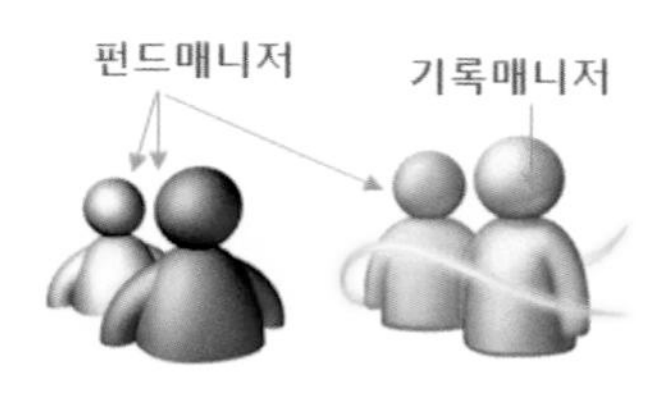

돈이최고야 해지펀드

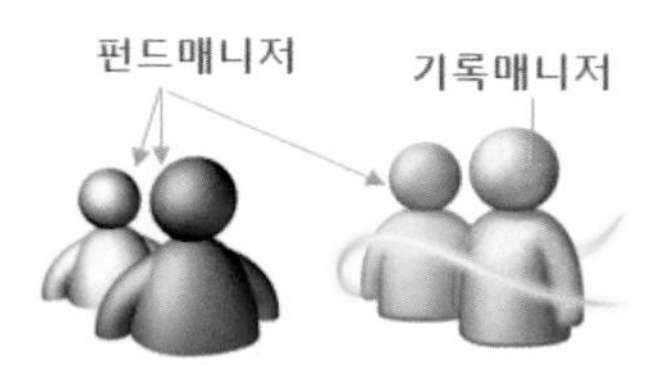

엔 헤서웨이 해지펀드

트레이딩 스코어 시트 작성

총 1,000만 원으로 100만 원 단위로 투자하고 주사위 결과에 따라 수익률 영향을 계산하여 작성합니다.

턴의 시작과 시나리오

시나리오는 1번부터 10번까지 차례대로 진행되며, 게임 시간에 따라 중간에 마무리될 수 있습니다. 시나리오가 공개되면 5분간 팀 회의를 통해 1,000만 원을 효율적으로 투자합니다.

턴의 마지막과 시나리오 영향력

헤지펀드 중 한 사람이 주사위를 던집니다. 시나리오에 제시된 영향에 따라 시나리오가 발생될 수도, 발생되지 않을 수도 있습니다.

기록 매니저는 정확하게 TSS를 정리합니다. 턴이 종료된 이후 시나리오의 가능성과 원인에 대해 살펴봅니다.

라운드와 게임의 종료

게임 종료 후 TSS 합계를 산출하여 시트지 마지막 아래의 최종 합계에 금액을 기록합니다.

가장 높은 헤지펀드 금액을 검산한 뒤 우승자를 정합니다.

시나리오 1

반등하는 물가 상승률로 2024년 다시 한번 긴축 통화 정책 실시

- 2022년 초부터 글로벌 중앙은행은 금리를 인상하고, 대차대조표 규모를 축소하면서 높은 인플레이션에 대응
- 2023년 12월부터 피벗(pivot)에 들어가기 시작했지만, 여전히 타이트한 노동 시장으로 근로자들의 협상력이 유지되고, 확고한 글로벌 수요와 공급 부족 및 주요 원자재 가격 상승으로 인플레이션 재가속화

- 피벗을 제시한 중앙은행들이 다시 강한 긴축 모드로 전환되면서 금융 시장에 혼돈 유발. 신흥시장은 통화 가치 하락으로 인플레이션 부담 가중

Probability	Impact
보통	큼

자산 영향	선진국주식	신흥국주식	미국국채	석유	금	현금
큼	-10%	-20%	5%	-15%	15%	1%
기본 영향	5%	10%	-3%	7%	-5%	1%

해설

연준 의장이 가장 중요하게 여기는 거시경제지표는 물가와 고용이다. 물가 중에서는 CPI라는 소비자물가 지수보다도 개인 소비 지출 지수인 PCE 물가 지수를 더 중요하게 본다. 개인 소비 지출 물가 지수(Personal Consumption Expenditures price index)는 미국 연준 FOMC가 인플레이션 추이를 관찰할 때 가장 중요하게 간주하는 물가 지표로, 금리 인상이나 양적 긴축 등 통화정책을 결정할 때 기준으로 삼고 있다.

특히 주거비와 에너지, 식료품을 제외한 서비스 물가를 뜻하는 슈퍼코어 인플레이션 수치가 2022년 4월 이후 가장 높게 나타나고 있다. 슈퍼코어 인플레이션은 2024년 1월에 연율로 4.4% 올랐다. 2023년 12월 수치(3.9%)보다 높아졌다.

미국의 물가 상승률을 연준의 목표치인 2%로 낮추기 위해서는 슈퍼코어 인플레이션 역시 2%대로 낮아져야 한다. 다시 고개를

드는 물가 지표로 인해 인플레이션의 부활을 염려해야 한다. 연준의 고민이 깊어지는 시기다.

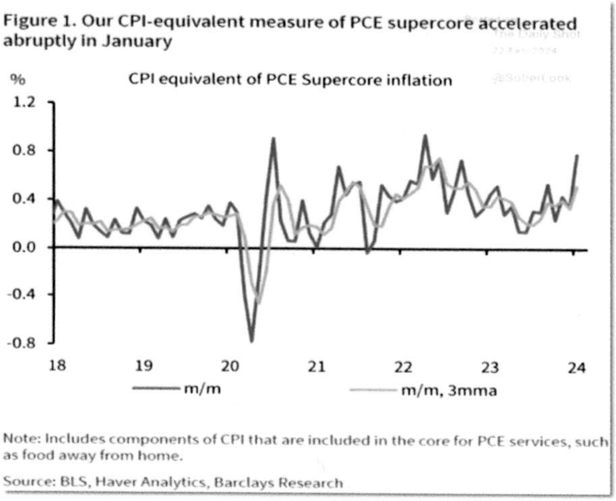

Figure 1. Our CPI-equivalent measure of PCE supercore accelerated abruptly in January
%
CPI equivalent of PCE Supercore inflation
1.2
0.8
0.4
0.0
-0.4
-0.8
18
19
20
21
22
23
24
m/m
m/m, 3mma
Note: Includes components of CPI that are included in the core for PCE services, such as food away from home.
Source: BLS, Haver Analytics, Barclays Research

슈퍼코어 PCE 추이 - 출처: NFIB, 데일리샷

시나리오 2

과도한 그린에너지 보조금 정책으로 전 세계 무역 분쟁이 시작됨

- 그린에너지 선두 주자인 중국과의 경쟁을 위해 서구 경제는 관대한 인센티브를 제공. 해당 인센티브에는 (특히 미국의) 그린에너지 부품에 대한 엄격한 아웃소싱 요구 사항이 포함됨. 이를 계기로 EU와 미국 사이에 긴장을 촉발시키며, 각국의 무역 마찰이 발생
- 서구 경제가 중국 수입품에 대한 기존 관세 인상과 반덤핑

조사에 대한 결정으로 중국은 희토류와 같은 주요 원자재 수출 차단으로 보복

- 결국 그린에너지 비용 상승으로 탈탄소화의 일정을 지연시키고, 탄소 기반의 기술로 복귀를 고려하게 될 가능성이 커지게 됨

Probability	Impact
보통	큼

자산 영향	선진국주식	신흥국주식	미국국채	석유	금	현금
큼	-10%	-20%	5%	15%	15%	1%
기본 영향	5%	10%	-3%	-7%	-5%	1%

해설

희토류는 스마트폰과 미사일, 전기차 등 최첨단 제품을 만드는 데 필수적으로 쓰이는 17가지 희소성 광물을 의미한다. 중국은 세계 희토류 생산의 70%를 차지하고 있으며, 제련 규모까지 따지면 90%까지 점유하는 것으로 추정된다. 중국이 희토류 시장을 장악하고 있다는 뜻이다.

서방국의 중국 제재가 일어날 경우 언제든지 중국 당국은 희토류를 무기 삼아 무역 보복을 할 수 있다. 과거 일본과의 센카쿠 열도 분쟁에서 중국이 희토류 원소 수출을 중단한다고 선언한 뒤 일본이 두 손 들고 항복한 것이 대표적인 사례로 꼽힌다. 그만큼 현대 사회에서 희토류는 반드시 필요한 원자재다.

서방국도 이를 인지하고 희토류에 대한 중국 의존도를 낮추기 위해 고군분투하고 있으나, 생산과 가공에서 엄청난 환경오염이 동반되기에 쉽지 않은 선택으로 남고 있다.

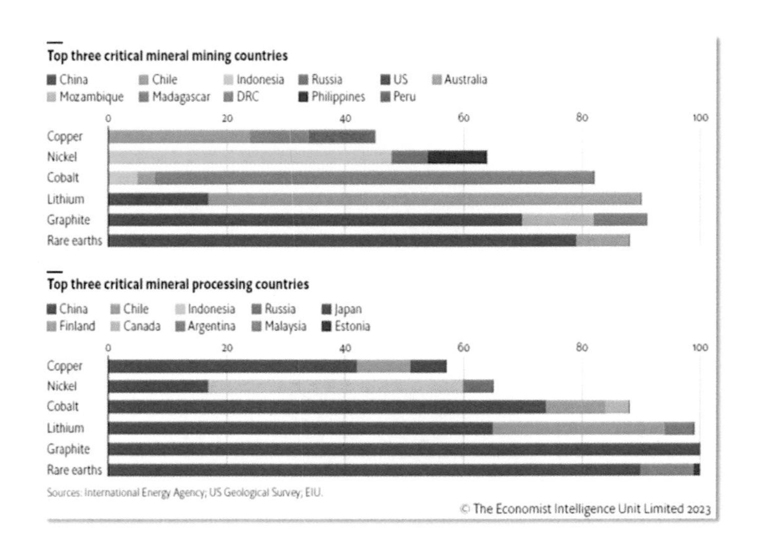

주요 원자재 생산과 가공 국가 점유율 - 출처: The economist

시나리오 3

기후 변화로 인한 전 세계 기상 이변으로 글로벌 공급망이 큰 혼란을 겪음

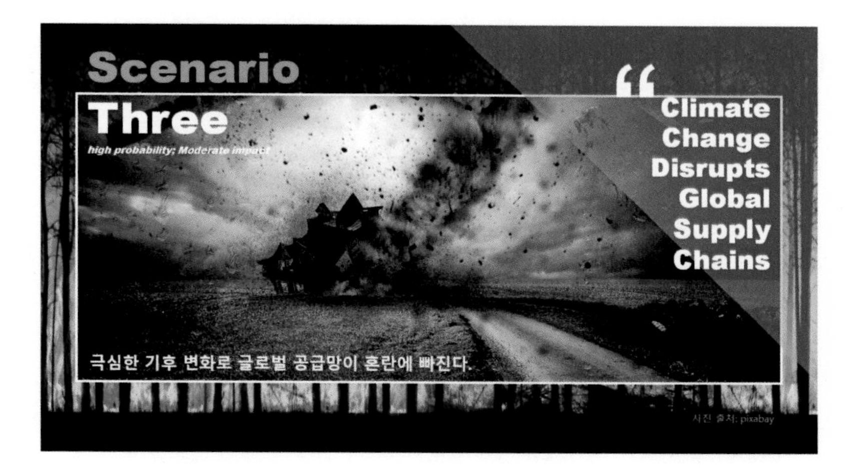

- 기상 이변의 빈도가 증가하기 시작. 심각한 가뭄과 폭염은 농작물 수확량을 짓누르고, 엘니뇨 재발로 지구 기온이 최고치 경신
- 기상 이변과 러시아-우크라이나 지정학적 리스크 요인이 결합
- 기상 이변이 글로벌 공급망에 부담을 주기 시작하면서 인플레이션의 상승 압력을 가중시키고 식량 안보 우려를 악화시킴

- 식량 부족을 심하게 겪는 일부 지역에서는 대규모 이주 또는 전쟁으로 이어지며, 심각한 정치적 영향이 다른 국가에 파급됨

Probability	Impact
높음	보통

자산 영향	선진국주식	신흥국주식	미국국채	석유	금	현금
보통	-5%	-10%	3%	-10%	7%	1%
기본 영향	5%	10%	-3%	7%	-5%	1%

해설

기후 변화로 인류의 생존이 점점 위협받고 있다. 그리스에는 때아닌 폭염에 대형 산불이 일어나 많은 재산과 인명 피해가 발생했고, 독일은 갑작스러운 홍수로 인하여 많은 피해를 입었다. 기후 변화로 인한 자연재해는 이제 어느 특정 국가만의 일이 아니다.

지구가 온난화 단계를 지나 열대화 시대로 접어들었다는 경고와 함께 극단적인 기상 현상과 자연 재난 빈도가 잦아지면서 식량 안보에도 비상등이 켜졌다. 지금의 식량 인플레이션 발발은 인플레이션을 잡기 위한 연준 정책에 굉장히 큰 치명타로 다가올 수 있다.

또한, 우리나라의 곡물 자급률은 20% 수준임을 감안할 때 다가올 식량 위기에 극복할 대책 마련도 필요한 시점이다.

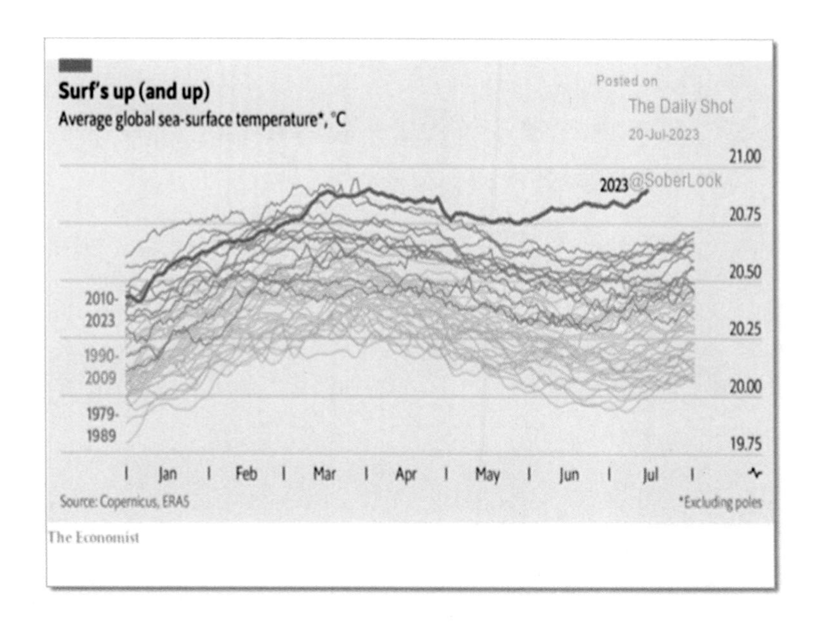

연도별 해수면 온도 - 출처: The economist, 데일리샷

시나리오 4

높은 물가 상승률로 인한 실질 임금 하락으로 파업 확산, 글로벌 생산성에 문제

- 높은 원자재 가격, 지속적인 공급망 중단, 높은 식품 가격, 일부 국가의 달러 대비 통화 약세는 2024~2025년에도 불만을 야기
- 대부분의 국가에서 임금은 인플레이션만큼 오르지 않아 생필품을 구입하기가 더 어려워짐

- 이로 인해 주요국에서 소규모 및 대규모의 파업이 발생
- 파업으로 인해 주요 산업 및 서비스가 마비되며 성장 발전에 큰 부담을 주게 됨

Probability	Impact
높음	보통

자산 영향	선진국주식	신흥국주식	미국국채	석유	금	현금
보통	-5%	-10%	3%	-10%	7%	1%
기본 영향	5%	10%	-3%	7%	-5%	1%

해설

전 세계 노동력 부족과 임금 인상으로 노동자들의 교섭력이 강해진 가운데 높은 인플레이션으로 인한 실질 소득의 감소가 노동자들을 파업 현장으로 내몰고 있다.

미국 노동통계국 발표에 따르면 23년 발생한 주요 파업(Major Work Stoppages, 1,000명 이상의 노동자가 참여한 파업) 건수는 33건으로 2000년 이후 가장 많은 수치를 기록한 것으로 나타났다.

파업으로 인한 임금 인상과 생산 차질은 기업들로 하여금 비용 증가 압박을 이끌어낼 수 있으며, 이는 소비자물가로 전이될 수 있음을 시사하고 있다.

파업의 증가로 인한 인플레이션 상승은 연준의 통화정책에도 큰 제한을 두게 할 가능성이 있다.

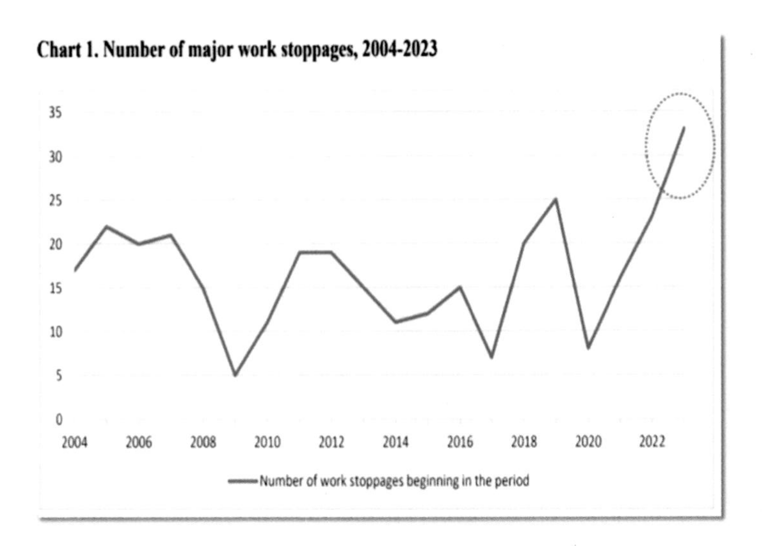

연도별 주요 파업 건수 - 출처: 미국노동통계국

시나리오 5

양안 전쟁으로 인해 서방국이 중국에 제재를 가하면서 강한 디커플링 발생

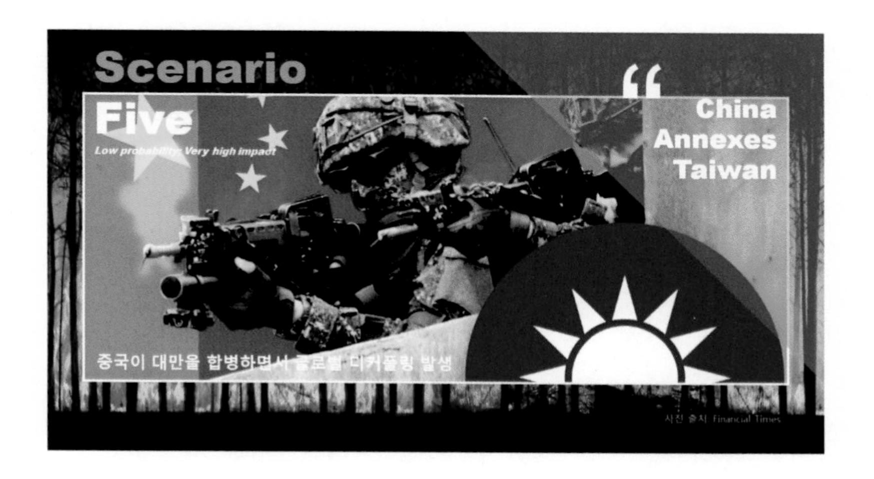

Scenario
Five
Low probability; Very high impact
China
Annexes
Taiwan
중국이 대만을 합병하면서 글로벌 디커플링 발생
사진 출처: Financial Times

- 대만의 총선 이후 대만 근처에서 진행되는 중국의 군사 훈련은 빈번해지고, 이는 오판의 위험을 높일 수 있음. 대만의 공식적인 독립선언 또한 중국의 공격을 촉발할 것임
- 양안 전쟁은 대만 반도체 산업의 마비를 의미하며, 글로벌 공급망을 마비시킬 수 있음
- 서구 경제는 중국에 강한 무역 제재를 이끌 것이고, 중국은

이로 인한 보복으로 희토류와 주요 원자재의 수출을 차단, 글로벌 경제의 강한 디커플링이 발생

Probability	Impact
낮음	매우 큼

자산 영향	선진국주식	신흥국주식	미국국채	석유	금	현금
매우 큼	-20%	-40%	10%	-30%	20%	1%
기본 영향	5%	10%	-3%	7%	-5%	1%

해설

만약 양안 전쟁이 실제화된다면 어떤 일이 벌어질까? 한국의 경우 수출의 비중이 큰 나라인 만큼 해상 교통로(SLOC)의 경제, 안보적 가치가 굉장히 크다. 특히 한국 무역 물동량의 43%가 대만해협을 통과하고 있어서, 중국의 대만 점령은 한국뿐만 아니라 동아시아 전체 경제 안보의 위기로 부상할 것이다.

미국 입장에서도 대만은 안보 면에서 굉장히 중요한 역할을 수행한다. 중국이 대만을 점령한 후 미국의 군사적 제재에 대응하기 위해 저소음 전략핵잠수함(SSBN)을 대만 기지에 전진 배치하는 순간, 미국의 대잠 전력에 노출되지 않고 미국 전역으로 핵미사일을 쏠 수 있는 해역(태평양)까지 이동할 수 있다. 미국으로서도 반드시 대만을 사수해야 하는 이유다.

중국의 경제 둔화가 지속될수록 시진핑의 절대 체제가 흔들릴 가능성도 있다. 역사적으로 내부의 갈등은 외부의 사건을 일으켜 시선을 돌리곤 했다. 절대자들이 쓰는 방법 중 하나다. 시진핑의 4연임이 가까워질수록 양안 갈등은 커질 전망이다.

양안 전쟁 발발 시 글로벌 GDP 감소분 - 출처: **Bloomberg**

시나리오 6

미국의 정권 교체로 인한 글로벌 외교 정책 변화로 동맹국에게 혼선을 야기

Scenario
Six
Moderate probability; Moderate impact
New
Us
Administration
Straining
Alliances
미 행정부의 변화로 인한 갑작스러운 외교 정책 변화 발생으로 동맹 관계가 긴장됨
사진 출처: pixabay

- 미 행정부의 정권 교체는 동맹국으로 하여금 외교 정책 변화에 혼선을 야기할 가능성이 매우 높음
- 기후 변화 참여에 소극적으로 전환, 오랜 동맹에 대한 지원 철회, 우크라이나에 대한 재정적, 군사적 지원 철회
- 러시아의 입지가 급격히 강화되며, EU는 혼란을 겪게 됨
- 중국은 미국의 동맹국들이 중국에 대한 미국의 정책을 따르

지 못하도록 설득함으로써 긴장으로부터 이익을 취하려고 함

Probability	Impact
보통	보통

자산 영향	선진국주식	신흥국주식	미국국채	석유	금	현금
보통	-5%	-10%	3%	-10%	7%	1%
기본 영향	5%	10%	-3%	7%	-5%	1%

해설

2024년 미국 대선에서 공화당의 트럼프 후보가 유력한 가운데 바이든-트럼프의 두 번째 대선 경쟁이 시작될 예정이다. 만약 트럼프가 재집권한다면 어떤 일이 벌어질 것인가?

글로벌 외교 전선에 큰 폭풍이 닥칠 것으로 보인다. 우선 북대서양 조약 기구(NATO)에서 탈퇴하고, 주한미군을 철수할 수 있다는 전망이 나오면서 지정학적 리스크를 고조시킬 전망이다. 이 경우 유럽과 동아시아는 물론 전 세계적으로 군비를 증축하면서, 러시아-우크라이나 전선과 중동 전선에서 확전 가능성이 높아질 것이다.

당연히 중국과의 무역 마찰 잡음은 거세질 것이고, 미국에 대해 대규모 흑자를 기록하고 있는 베트남, 멕시코 등의 나라들에도 상당 부분 무역 제재가 들어갈 것으로 보인다.

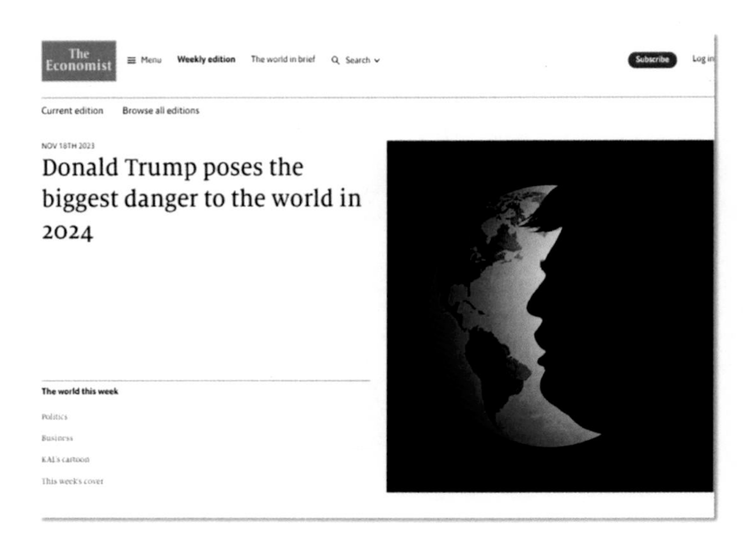

트럼프 당선을 2024년도 제일 큰 위험으로 발표 - 출처: The economist

시나리오 7
중국 경제 정책 실패와 시진핑 지지율 하락으로 국가 통제 강화, 성장 전망 저하

- 코로나19 대응의 미흡과 이후 경제 둔화로 정부의 시장 소통 및 안내 능력에 대한 신뢰가 흔들림. 대규모 경기 부양책 선택 위험이 커짐
- 이는 부동산 디벨로퍼 구제와(구조조정 실패) 자산 거품을 야기하고 투기를 조장. 이후 부양책 혜택을 보지 못하는 근로

자의 불만이 발생

- 대중의 비판으로 공산당이 시장 경제에 대한 지지를 줄이고 직접적인 국가 통제가 강화되기 시작함. 필수 상품에 대해 엄격히 가격 통제하고 주택 부문을 국유화하기 시작
- 경제 생산성이 크게 후퇴하고, 중국 성장 잠재력은 낮아지게 됨

Probability	Impact
낮음	큼

자산 영향	선진국주식	신흥국주식	미국국채	석유	금	현금
큼	-10%	-20%	5%	-15%	15%	1%
기본 영향	5%	10%	-3%	7%	-5%	1%

해설

중국의 경제 둔화 지속에도 중국 정부의 움직임은 미온적이기만 하다. 적극적인 경기 부양책이 필요함에도 조건부의 정책 카드만 꺼내면서, 급한 불만 끄겠다는 임시방편적인 대책만 나오고 있다. 이로 인해 중국 경제의 둔화는 지속될 전망이다.

중국 정부는 GDP의 77% 정도 되는 정부 부채를 안고 있다. 일본(156%), 미국(95%), 브라질(85%), 인도(83%)에 비하면 아직 여유가 있는 셈이다. 그럼에도 중국 정부의 움직임을 보면 경제의 성장보다는 안정을 택하며 부실 산업을 구조조정하기 위한 단계를 거치는 것으로 보인다.

구조조정을 성공적으로 마친다면 중국은 다시 G2로서 위상을 되찾을 수 있을까? 서방국의 탈(脫) 중국으로 잠재 성장률이 하락

하는 중국의 미래가 어떨지 궁금해진다.

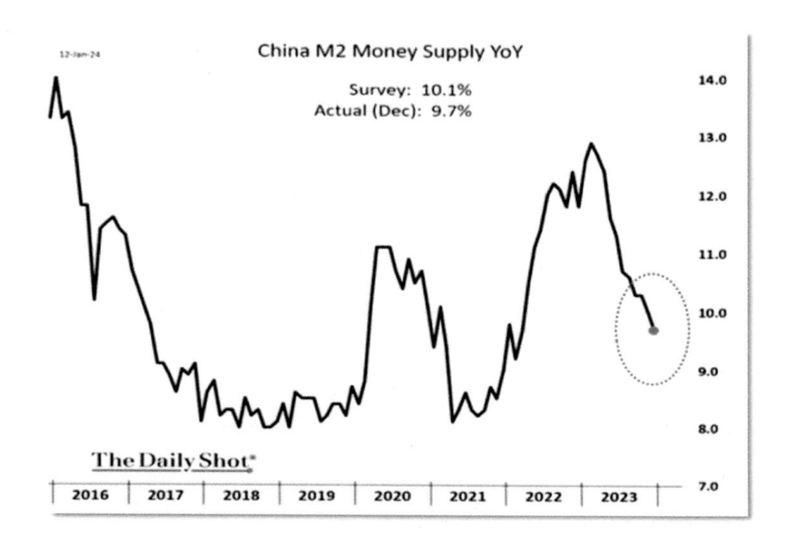

중국의 통화량 공급 둔화 - 출처: 데일리샷

시나리오 8

이스라엘-하마스 전쟁 장기화로 이란이 개입하면서 글로벌 지정학적 리스크 증가

- 전쟁의 장기화는 다른 국가 및 비국가행위자들이 팔레스타인 대의에 동조하게 만들 수 있음. 특히 이란의 전쟁 개입 가능성은 희박하지만, 레바논 헤즈볼라, 예멘 후티 반군, 이라크 시아파 민병대 등 대리군을 통해 간접적으로 영향을 행사
- 이란 개입 증거를 확보한 이스라엘의 대응 조치가 강하게 이뤄지고 이는 지역적 분쟁으로 전환되면서 경제적, 지정학적

영향이 확대됨

- 국제 유가의 상당한 상승과 함께 미국과 동맹국, 중국과 러시아 사이의 긴장 악화

Probability	Impact
매우 낮음	큼

자산 영향	선진국주식	신흥국주식	미국국채	석유	금	현금
큼	-10%	-20%	5%	15%	15%	1%
기본 영향	5%	10%	-3%	-7%	-5%	1%

해설

2024년 1월 요르단 주둔 미군 3명이 친이란 민병대의 드론 공격으로 사망한 직후, 미국은 6일 만에 전격적으로 보복 공격을 진행했다. 다만 이란의 중동 전쟁 개입을 막고자 이란 영토 내부를 직접 공격하지는 않았다는 점에서 대선이 가까워진 바이든의 미묘한 절충안으로 보인다.

미국은 가자 전쟁 발발 이후 중동전이 확대되는 것을 막기 위해 많은 노력을 기울여왔다. 특히 이란과의 본격적 충돌로 이어지지 않도록 신중한 대응을 이어왔다. 하지만 이번 사건으로 야당인 공화당 일각에서 바이든 행정부의 대외 정책 전반을 거세게 비판하며 이란을 직접 공격할 것을 요구했다. 만일 트럼프가 재집권에 성공한다면, 이후 중동의 리스크가 더욱 커질 것으로 예상된다.

다만, 이란 당국자들도 오랜 제재로 인한 경제 둔화로 인해 미국과의 전면전을 원하지 않는다고 언급하고 있는 중이다. 이란의

중동 전쟁 개입으로 미국-이란으로 확전될지, 유가와 환율 움직임을 면밀히 관찰해야 한다.

Yahoo Finance

Iran Hits 'Israeli Spy Base' in Iraq as Mideast Tensions Worsen

(Bloomberg) -- Iran attacked what it said was an Israeli spy base in Iraq with missiles, its first direct strike on Isr...

이란의 이스라엘 개입 문제 제기 - 출처: **Yahoo Finance**

시나리오 9

AI의 허위 정보에 의한 선거 캠페인이 선거에 치명적인 결과를 초래

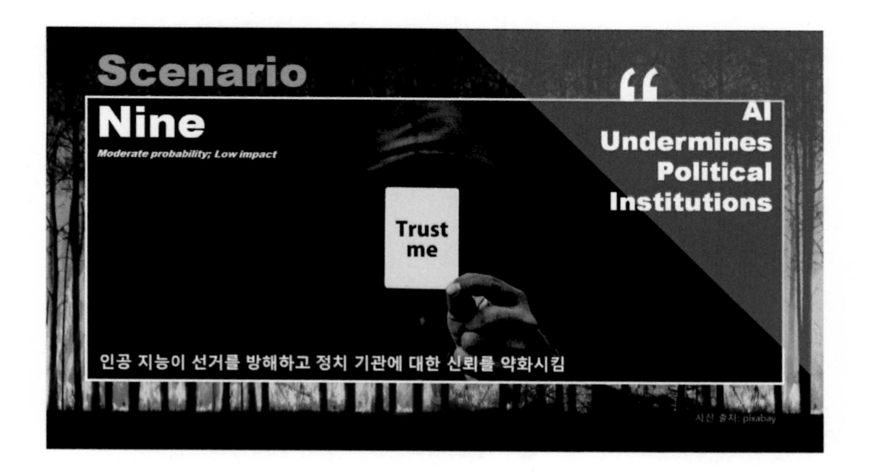

- AI의 광범위한 채택과 SNS에서의 사용으로 인해 향후 몇 년 동안 텍스트, 이미지, 오디오 및 비디오를 통해 허위 정보 캠페인이 확산될 위험이 높아짐
- 다양한 지역에 걸쳐 규제가 이뤄지지만, 악의적인 행위자들은 여전히 회의론을 부추기기 위해 광범위한 프로그램을 구현
- 이로 인해 EU 의회와 미국, 영국, 인도 등 2024년에 예정된

주요 선거 결과가 바뀔 수 있으며, 더 광범위하게는 정치 시스템에 대한 유권자의 신뢰가 약화될 수 있음

Probability	Impact
보통	낮음

자산 영향	선진국주식	신흥국주식	미국국채	석유	금	현금
낮음	-3%	-5%	1%	-5%	3%	1%
기본 영향	5%	10%	-3%	7%	-5%	1%

해설

중요한 선거가 많은 2024년, 인공지능(AI)발 허위 정보에 대한 우려가 커지고 있다. 세계 각국에서 AI가 만든 딥페이크 영상이나 조작된 사진, 음성 등이 선거 결과에 부정적인 영향을 미칠 수 있다고 경고하고 있다.

2024년 1월 23일 뉴햄프셔주 프라이머리(예비선거)를 앞두고 조 바이든 대통령을 사칭해 경선 불참을 권유하는 딥페이크 음성이 최대 2만 5,000명에게 유포됐다. 경선을 방해하고 유권자들에게 혼란은 주려는 불법적인 시도인 것이다.

실제 AI로 인한 부정적 사례가 선거 결과에 영향을 준 것이 드러난다면, AI 규제가 커지면서 대중들의 AI 신뢰도도 크게 하락할 수 있다.

이를 인지한 메타와 구글은 AI로 만든 선거 광고의 경우 'AI가 제작했다'라는 사실을 표기하는 정책을 도입한다는 입장을 밝히고 있다.

DAVOS2024

DAVOS WEF

Election disruption from AI poses the biggest global risk in 2024, Davos survey warns

PUBLISHED WED, JAN 10 2024·4:30 AM EST | UPDATED WED, JAN 10 2024·9:51 AM EST

Karen Gilchrist
@_KARENGILCHRIST

SHARE

AI가 선거 결과에 악영향을 끼칠 위험 제기 - 출처: Dovos2024

시나리오 10

러시아-우크라이나 전쟁이 글로벌 지정학적 리스크 확대로 연결

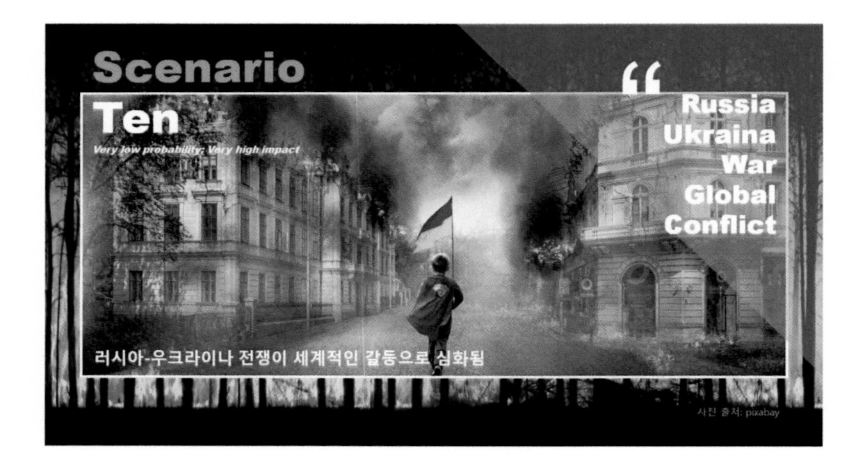

- 서방 국가와 러시아 간의 관계 악화로 주요 인프라에 대한 사이버 공격, 러시아와 NATO 국경에서의 심각한 오판, 핵무장 능력을 갖춘 국가에서 발생하는 우발적 사고 등 군사적 위험이 커짐
- 매우 공개적이거나 가시적인 사건이 발생하는 경우 공격을 받은 국가는 보복을 가할 것이며, 러시아가 중국과 이란을

설득하여 분쟁에 참여하도록 설득하면서 서방 국가는 공동 전선을 제시

- 치명적인 결과로 전 세계에서 심각한 인명 피해와 심각한 경기 침체가 일어나고, 가장 좋지 못한 결과물로는 핵 사용을 취하는 것임

Probability	Impact
매우 낮음	매우 큼

자산 영향	선진국주식	신흥국주식	미국국채	석유	금	현금
매우 큼	-20%	-40%	10%	-30%	20%	1%
기본 영향	5%	10%	-3%	7%	-5%	1%

해설

유가 상승과 중국, 인도의 수입으로 인해 자금줄이 메마르지 않은 대러시아 제재가 유명무실해지면서 러시아-우크라이나 전쟁이 장기화에 돌입했다. 이로 인해 글로벌 식량 안보와 원자재 가격 변동이라는 리스크가 상존하는 가운데 미국의 대선이 향후 어떤 결과를 이끌어낼지 이목이 집중된다.

우크라이나 전쟁이 3년째로 접어드는데도 트럼프의 친러 행보는 전혀 변함이 없다. 최근 방위비를 내지 않는 북대서양 조약 기구(NATO, 나토) 회원국에 대해서는 러시아에 '하고 싶은 대로 하라' 할 것이라고 말하는가 하면, 반푸틴 인사 알렉세이 나발니의 옥중 의문사에 대해선 언급하지 않고 있는 점이 향후 지정학적 리스크 증가에 우려를 키우고 있다.

미국 대선 결과에 따라 많은 것이 바뀔 가능성이 있다. 미리 대비하는 포트폴리오 전략이 필요하다.

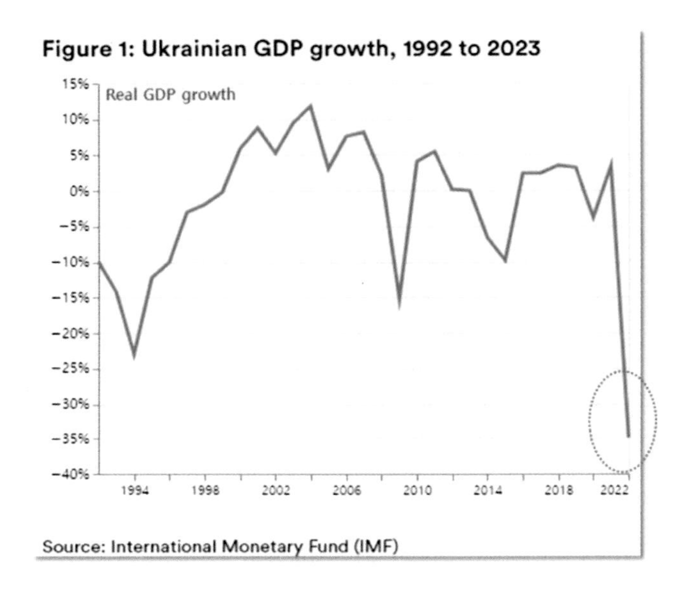

전쟁 후 우크라이나 GDP 감소분 - 출처: IMF

Hedge Fund Alpha TSS (Trading Scoring Sheet)

확률 영향	시나리오	자산		01 선진국주식	02 신흥국주식	03 미국국채	04 석유	05 금	06 현금	금액 합계
확률	1	통화긴축	투자							1000
영향			결과							
확률	2	무역분쟁	투자							1000
영향			결과							
확률	3	기후변화	투자							1000
영향			결과							
확률	4	파업	투자							1000
영향			결과							
확률	5	양안전쟁	투자							1000
영향			결과							
확률	6	정권교체	투자							1000
영향			결과							
확률	7	중국혼란	투자							1000
영향			결과							
확률	8	중동전쟁	투자							1000
영향			결과							
확률	9	선거방해	투자							1000
영향			결과							
확률	10	우러전쟁	투자							1000
영향			결과							
최종 합계										

Probability

사건 확률	주사위	그 외
매우 낮음	1	기본 영향
낮음	1,2	기본 영향
보통	1,2,3,4	기본 영향
높음	1,2,3,4,5,	기본 영향

Impact

자산 영향	선진국주식	신흥국주식	미국국채	석유	금	현금
낮음	-3%	-5%	1%	-5%	3%	1%
보통	-5%	-10%	3%	-10%	7%	1%
큼	-10%	-20%	5%	-15%	15%	1%
매우 큼	-20%	-40%	10%	-30%	20%	1%
기본 영향	5%	10%	-3%	7%	-5%	1%

▷시나리오 2번과 8번에서는 석유의 움직임이 제시된 영향과 반대로 감. 실제 시나리오 발생시 +15% 영향을, 반대로 발생하지 않을 경우 기본 영향에서 -7% 영향치를 받게 됨

Hedge Fund Alpha TSS (Trading Scoring Sheet)

확률 영향	시나리오	자산		01 선진국주식	02 신흥국주식	03 미국국채	04 석유	05 금	06 현금	금액 합계
확률	1	통화긴축	투자							1000
영향			결과							
확률	2	무역분쟁	투자							1000
영향			결과							
확률	3	기후변화	투자							1000
영향			결과							
확률	4	파업	투자							1000
영향			결과							
확률	5	양안전쟁	투자							1000
영향			결과							
확률	6	정권교체	투자							1000
영향			결과							
확률	7	중국혼란	투자							1000
영향			결과							
확률	8	중동전쟁	투자							1000
영향			결과							
확률	9	선거방해	투자							1000
영향			결과							
확률	10	우러전쟁	투자							1000
영향			결과							
최종 합계										

Probability

사건 확률	주사위	그 외
매우 낮음	1	기본 영향
낮음	1,2	기본 영향
보통	1,2,3,4	기본 영향
높음	1,2,3,4,5,	기본 영향

Impact

자산 영향	선진국주식	신흥국주식	미국국채	석유	금	현금
낮음	-3%	-5%	1%	-5%	3%	1%
보통	-5%	-10%	3%	-10%	7%	1%
큼	-10%	-20%	5%	-15%	15%	1%
매우 큼	-20%	-40%	10%	-30%	20%	1%
기본 영향	5%	10%	-3%	7%	-5%	1%

▷ 시나리오 2번과 8번에서는 석유의 움직임이 제시된 영향과 반대로 감. 실제 시나리오 발생시 +15% 영향을, 반대로 발생하지 않을 경우 기본 영향에서 -7% 영향치를 받게 됨

Hedge Fund Alpha TSS (Trading Scoring Sheet)

확률 영향	시나리오	자산		01 선진국주식	02 신흥국주식	03 미국국채	04 석유	05 금	06 현금	금액 합계
확률	1	통화긴축	투자							1000
영향			결과							
확률	2	무역분쟁	투자							1000
영향			결과							
확률	3	기후변화	투자							1000
영향			결과							
확률	4	파업	투자							1000
영향			결과							
확률	5	양안전쟁	투자							1000
영향			결과							
확률	6	정권교체	투자							1000
영향			결과							
확률	7	중국혼란	투자							1000
영향			결과							
확률	8	중동전쟁	투자							1000
영향			결과							
확률	9	선거방해	투자							1000
영향			결과							
확률	10	우러전쟁	투자							1000
영향			결과							
최종 합계										

Probability

사건 확률	주사위	그 외
매우 낮음	1	기본 영향
낮음	1,2	기본 영향
보통	1,2,3,4	기본 영향
높음	1,2,3,4,5,	기본 영향

Impact

자산 영향	선진국주식	신흥국주식	미국국채	석유	금	현금
낮음	-3%	-5%	1%	-5%	3%	1%
보통	-5%	-10%	3%	-10%	7%	1%
큼	-10%	-20%	5%	-15%	15%	1%
매우 큼	-20%	-40%	10%	-30%	20%	1%
기본 영향	5%	10%	-3%	7%	-5%	1%

▷시나리오 2번과 8번에서는 석유의 움직임이 제시된 영향과 반대로 감. 실제 시나리오 발생시 +15% 영향을, 반대로 발생하지 않을 경우 기본 영향에서 -7% 영향치를 받게 됨